W0349234

Maria, Mutter der Hoffnung

Papst Franziskus

Maria, Mutter der Hoffnung

Ermutigungen

benno

Bibliografische Information der Deutschen Nationalbibliothek
Die Deutsche Nationalbibliothek verzeichnet diese Publikation in der Deutschen Nationalbibliografie;
detaillierte bibliografische Informationen sind im Internet über http://dnb.d-nb.de abrufbar.

Alle Bibeltext: Einheitsübersetzung der Heiligen Schrift
© 1980 Katholische Bibelanstalt, Stuttgart

Alle Papsttexte: © Libreria Editrice Vaticano, Cittá del Vaticano

Besuchen Sie uns im Internet:
www.st-benno.de

Gern informieren wir Sie unverbindlich und aktuell auch in unserem Newsletter zum Verlagsprogramm, zu Neuerscheinungen und Aktionen. Einfach anmelden unter www.st-benno.de.

ISBN 978-3-7462-3988-0

© St. Benno-Verlag GmbH, Leipzig
Zusammenstellung: Volker Bauch, Leipzig
Umschlaggestaltung: Ulrike Vetter, Leipzig
Gesamtherstellung: Kontext, Lemsel (A)

Inhaltsverzeichnis

Maria

Beten wir alle zusammen zur Muttergottes,
die die Mutter der Schönheit ist,
die Mutter der Güte und die Mutter der Wahrheit,
damit sie uns diese Gnade des Mutes gewähren möge,
denn die Muttergottes war mutig,
sie hatte Mut, diese Frau!
Sie war tüchtig, tüchtig, tüchtig!
Bitten wir sie,
die im Himmel ist,
die unsere Mutter ist,
dass sie uns die Gnade des Mutes verleihe,
um vorwärtszugehen
und gegen den Strom zu schwimmen.

Gebet am 28. August 2013

»Ich denke daran, wie oft Maria geschwiegen hat, wie oft sie nicht gesagt hat, was sie spürte, um das Geheimnis der Beziehung mit ihrem Sohn zu behüten.«

Frühmesse in Santa Marta am 20. Dezember 2013

Maria, Mutter des Glaubens

Die Botschaft der Verkündigung

Im sechsten Monat wurde der Engel Gabriel von Gott in eine Stadt in Galiläa namens Nazaret zu einer Jungfrau gesandt. Sie war mit einem Mann namens Josef verlobt, der aus dem Haus David stammte. Der Name der Jungfrau war Maria. Der Engel trat bei ihr ein und sagte: Sei gegrüßt, du Begnadete, der Herr ist mit dir. Sie erschrak über die Anrede und überlegte, was dieser Gruß zu bedeuten habe. Da sagte der Engel zu ihr: Fürchte dich nicht, Maria; denn du hast bei Gott Gnade gefunden. Du wirst ein Kind empfangen, einen Sohn wirst du gebären: dem sollst du den Namen Jesus geben. Er wird groß sein und Sohn des Höchsten genannt werden. Gott, der Herr, wird ihm den Thron seines Vaters David geben. Er wird über das Haus Jakob in Ewigkeit herrschen, und seine Herrschaft wird kein Ende haben. Maria sagte zu dem Engel: Wie soll das geschehen, da ich keinen Mann erkenne? Der Engel antwortete ihr: Der Heilige Geist wird über dich kommen, und die Kraft des Höchsten wird dich überschatten. Deshalb wird auch das Kind heilig und Sohn Gottes genannt werden. Auch Elisabet, deine Verwandte, hat noch in ihrem Alter einen Sohn empfangen; obwohl sie als unfruchtbar galt, ist sie jetzt schon im sechsten Monat. Denn für Gott ist nichts unmöglich. Da sagte Maria: Ich bin die Magd des Herrn; mir geschehe, wie du es gesagt hast. Danach verließ sie der Engel.

(Lk 1,26–38)

Angesichts der Verkündigung des Engels verbirgt sie nicht ihre Verwunderung. Es ist das Erstaunen zu sehen, dass Gott, um Mensch zu werden, ausgerechnet sie erwählt hat, ein einfaches Mädchen aus Nazaret, das nicht in den Palästen der Macht und des Reichtums wohnt, das keine außerordentlichen Heldentaten vollbracht hat, das aber offen ist für Gott und fähig, ihm zu vertrauen, auch wenn sie nicht alles versteht: »Ich bin die Magd des Herrn; mir geschehe, wie du es gesagt hast« (Lk 1,38). Das ist ihre Antwort. Gott überrascht uns immer, bricht unsere festen Vorstellungen auf, versetzt uns in Krise und sagt uns: Vertrau' auf mich, hab' keine Angst, lass dich überraschen, gehe aus dir selbst heraus und folge mir!

Ich bin die Magd des Herrn; mir geschehe, wie du es gesagt hast.
(Lk 1,38)

Heute wollen wir alle uns fragen, ob wir Angst haben vor dem, was Gott von uns verlangen könnte, oder vor dem, was er von uns verlangt. Lasse ich mich von Gott überraschen wie Maria, oder verschließe ich mich in meinen Sicherheiten, in materiellen Sicherheiten, in geistigen Sicherheiten, in ideologischen Sicherheiten, in Sicherheiten meiner Pläne? Lasse ich Gott wirklich in mein Leben eintreten? Wie antworte ich ihm?
Schauen wir auf Maria: Das Erste, was sie nach der Verkündigung vollbringt, ist eine Tat der Nächstenliebe gegenüber ihrer alten Verwandten Elisabet; und die ersten Worte, die sie spricht, sind: »Meine Seele preist die Größe des Herrn«, d.h. ein Lob- und Dankgesang an Gott, nicht nur für das, was er in ihr gewirkt hat, sondern für sein Handeln in der gesamten Heilsgeschichte. Alles ist sein Geschenk. Wenn wir verstehen können, dass alles Geschenk Gottes ist, welche Freude ist dann in unserem Herzen! Alles ist sein Geschenk. Er ist unsere Stärke! Dank sagen ist so einfach und doch so schwer!

Wie oft sagen wir einander Dank in der Familie? Es ist eines der Schlüsselwörter des Zusammenlebens. »Bitte«, »Entschuldigung«, »Danke«: wenn man in einer Familie diese drei Worte sagt, kommt die Familie voran. »Bitte«, »Entschuldigung«, »Danke«. Wie oft sagen wir »danke« in der Familie? Wie oft sagen wir Dank dem, der uns hilft, uns nahe ist, uns im Leben begleitet? Oft nehmen wir alles selbstverständlich! Und das geschieht auch Gott gegenüber. Es ist leicht, zum Herrn zu gehen und ihn um etwas zu bitten. Aber ihm zu danken, das kommt mir nicht in den Sinn.

Predigt am 13. Oktober 2013

Mutter der Eile

Als die Muttergottes gerade die Verkündigung empfangen hatte, dass sie die Mutter Jesu sein sollte, und auch die Verkündigung, dass ihre Cousine Elisabet ein Kind erwartete, eilte sie zu ihr, sagt uns das Evangelium; sie wartete nicht. Sie hat nicht gesagt: »Jetzt erwarte ich ein Kind, ich muss auf meine Gesundheit aufpassen. Meine Cousine wird einige Freundinnen haben, die ihr vielleicht helfen.« Sie spürte etwas und eilte. Es ist schön, dies von der Muttergottes zu denken, von unserer Mutter, die sich beeilt, weil sie dies in sich spürt: helfen. Sie geht, um zu helfen, und nicht um vor ihrer Cousine zu prahlen: »Hör mal, jetzt gebe ich hier den Ton an, denn ich bin die Mutter Gottes!« Nein, das hat sie nicht getan. Sie ging hin, um zu helfen. Und die Muttergottes ist immer so. Sie ist unsere Mutter, die immer herbeieilt, wenn wir sie brauchen. Es wäre schön, zur Litanei an die Muttergottes eine Anrufung hinzuzufügen, die so lautet: »Frau, die herbeieilt, bitte für uns!« Das ist schön, nicht wahr? Weil sie sich immer beeilt, sie vergisst ihre Kinder nicht. Und wenn ihre Kinder in Schwierigkeiten sind, etwas brauchen und zu ihr rufen, dann eilt sie. Und das gibt uns eine Sicherheit, eine Sicherheit, die Mutter an unserer Seite, bei uns zu haben, immer. Im Leben geht man besser voran, wenn wir die Mutter in unserer Nähe haben. Denken wir an diese Gnade der Muttergottes, diese Gnade, die sie uns schenkt: uns nahe zu sein, aber ohne uns warten zu lassen. Immer! Sie hilft uns, vertrauen wir immer darauf! Die Muttergottes, die für uns immer in Eile ist.

Predigt am 26. Mai 2013

Magnificat

Nach einigen Tagen machte sich Maria auf den Weg und eilte in eine Stadt im Bergland von Judäa. Sie ging in das Haus des Zacharias und begrüßte Elisabet. Als Elisabet den Gruß Marias hörte, hüpfte das Kind in ihrem Leib. Da wurde Elisabet vom Heiligen Geist erfüllt und rief mit lauter Stimme: Gesegnet bist du mehr als alle anderen Frauen und gesegnet ist die Frucht deines Leibes. Wer bin ich, dass die Mutter meines Herrn zu mir kommt? In dem Augenblick, als ich deinen Gruß hörte, hüpfte das Kind vor Freude in meinem Leib. Selig ist die, die geglaubt hat, dass sich erfüllt, was der Herr ihr sagen ließ. Da sagte Maria:
Meine Seele preist die Größe des Herrn, / und mein Geist jubelt über Gott, meinen Retter.
Denn auf die Niedrigkeit seiner Magd hat er geschaut. / Siehe, von nun an preisen mich selig alle Geschlechter.
Denn der Mächtige hat Großes an mir getan / und sein Name ist heilig.
Er erbarmt sich von Geschlecht zu Geschlecht / über alle, die ihn fürchten.
Er vollbringt mit seinem Arm machtvolle Taten: / Er zerstreut, die im Herzen voll Hochmut sind;
er stürzt die Mächtigen vom Thron / und erhöht die Niedrigen.
Die Hungernden beschenkt er mit seinen Gaben / und lässt die Reichen leer ausgehen.

Er nimmt sich seines Knechtes Israel an / und denkt an sein Erbarmen,
das er unsern Vätern verheißen hat, / Abraham und seinen Nachkommen auf ewig.
Und Maria blieb etwa drei Monate bei ihr; dann kehrte sie nach Hause zurück.

(Lk 1,39–56)

Es ist schön, sich Gott bewusst zu machen – wie die Jungfrau Maria, die angesichts des wunderbaren Handelns Gottes in ihrem Leben nicht an Ehre, an Ansehen oder an Reichtum denkt und sich nicht in sich selbst verschließt. Im Gegenteil, nachdem sie die Botschaft des Engels aufgenommen und den Sohn Gottes empfangen hat, was tut sie? Sie bricht auf, sie geht zur alten Verwandten Elisabet, die auch schwanger ist, um ihr zu helfen; und bei der Begegnung mit ihr ist das erste, was sie tut, sich des Handelns Gottes bewusst zu werden, Gottes Treue in ihrem Leben, in der Geschichte ihres Volkes, in unserer Geschichte: »Meine Seele preist die Größe des Herrn ... Denn auf die Niedrigkeit seiner Magd hat er geschaut ... Er erbarmt sich von Geschlecht zu Geschlecht (Lk 1,46.48.50). Maria hat ein Bewusstsein für Gott.
In diesem Lobgesang Marias findet sich auch die Erinnerung an ihre persönliche Geschichte, die Geschichte Gottes mit ihr, ihre eigene Glaubenserfahrung. Und so ist es für jeden von uns, für jeden Christen: der Glaube enthält gerade das Bewusstsein für die Geschichte Gottes mit uns, für die Geschichte der Begegnung mit Gott, der sich als erster bewegt, der erschafft und erlöst, der uns verwandelt. Der Glaube ist Sich-Bewusstmachen seines Wortes, das das Herz erwärmt, seines Heilshandelns, mit

dem er uns das Leben gibt, uns reinigt, heilt, nährt. Der Katechist ist eigentlich ein Christ, der dieses Bewusstsein in den Dienst der Verkündigung stellt; nicht um gesehen zu werden, nicht um von sich zu sprechen, sondern um von Gott zu sprechen, von seiner Liebe, von seiner Treue. Er will über all das sprechen und all das mitteilen, was Gott geoffenbart hat, das heißt die Lehre in ihrer Ganzheit, ohne etwas wegzunehmen oder hinzuzufügen.

Predigt am 29. September 2013

Maria als Vorbild des Glaubens

In welchem Sinne stellt Maria ein Vorbild für den Glauben der Kirche dar? Denken war darüber nach, wer die Jungfrau Maria war: ein jüdisches Mädchen, das mit ganzem Herzen die Erlösung ihres Volkes erwartete. Aber im Herzen dieser jungen Tochter Israels war ein Geheimnis, das sie selbst noch nicht kannte: Im Liebesplan Gottes war sie dazu bestimmt, die Mutter des Erlösers zu werden. Bei der Verkündigung nennt der Bote Gottes sie »Begnadete« und offenbart ihr diesen Plan. Maria antwortet mit »Ja«, und von jenem Augenblick an erhält Marias Glaube ein neues Licht: Er richtet sich auf Jesus aus, den Sohn Gottes, der in ihr Fleisch angenommen hat und in dem die Verheißungen der ganzen Heilsgeschichte sich erfüllen. Marias Glaube ist die Erfüllung des Glaubens Israels, in ihr ist wirklich der ganze Weg jenes Volkes verdichtet, das die Erlösung erwartete. Und in diesem Sinne ist sie das Vorbild des Glaubens der Kirche, dessen Mittelpunkt Christus ist, die menschgewordene unendliche Liebe Gottes.

Wie hat Maria diesen Glauben gelebt? Sie hat ihn in der Einfachheit der zahllosen täglichen Aufgaben und Sorgen einer jeden Mutter gelebt, die sich um Essen, Kleidung, den Haushalt kümmert... Eben dieses gewöhnliche Leben der Gottesmutter war die Grundlage, auf der eine einzigartige Beziehung und ein tiefer Dialog zwischen ihr und Gott, zwischen ihr und ihrem Sohn stattfanden. Marias »Ja«, das von Anfang an vollkommen war, ist gewachsen bis zur Stunde des Kreuzes. Dort ist ihre Mutterschaft umfassend geworden, sie schließt einen jeden von uns ein, unser Leben, um uns zu ihrem Sohn zu führen. Maria hat stets eingetaucht in das Geheimnis des menschgewordenen Gottessohnes gelebt, als seine erste und vollkommene Jüngerin, und hat in ihrem Herzen im Licht des Heiligen Geistes über

alles nachgedacht, um den ganzen Willen Gottes zu verstehen und umzusetzen.

Wir können uns eine Frage stellen: Lassen wir uns erleuchten vom Glauben Marias, die unsere Mutter ist? Oder meinen wir, sie sei uns fern und ganz anders als wir? Blicken wir in Augenblicken der Schwierigkeiten, der Prüfung, der Dunkelheit auf sie als Vorbild des Vertrauens auf Gott, der immer nur unser Wohl will? Denken wir darüber nach. Vielleicht wird es uns guttun, Maria in diesem Glauben, den sie hatte, als Vorbild und Urbild der Kirche wiederzufinden.

»Die Kirche bringt Jesus und muss wie Maria sein, als sie ihre Verwandte Elisabet besucht hat.«

Maria als Vorbild der Liebe. Auf welche Weise ist Maria für die Kirche ein lebendiges Vorbild in der Liebe? Denken wir an ihre Bereitschaft gegenüber ihrer Verwandten Elisabet. Maria hat ihr durch ihren Besuch nicht nur materielle Hilfe gebracht – auch das –, sondern sie hat Jesus gebracht, der schon in ihrem Schoß lebte.

Jesus in jenes Haus zu bringen bedeutete, Freude zu bringen, vollkommene Freude. Elisabet und Zacharias waren glücklich über die Schwangerschaft, die in ihrem Alter unmöglich schien, aber es ist die junge Maria, die ihnen die vollkommene Freude bringt, die von Jesus und vom Heiligen Geist kommt und die in unentgeltlicher Liebe, im Teilen, in der gegenseitigen Hilfe, im Verständnis zum Ausdruck kommt. Die Gottesmutter will auch uns, uns allen, das große Geschenk bringen, das Jesus ist: Und mit ihm bringt sie uns seine Liebe, seinen Frieden, seine Freude. So ist die Kirche wie Maria: Die Kirche ist kein Geschäft, sie ist keine humanitäre Einrichtung, die Kirche ist keine Nichtregierungsorganisation, die Kirche ist gesandt, allen Menschen Christus und sein Evangelium zu bringen. Sie bringt nicht sich selbst – ob

sie klein, groß, stark oder schwach ist: die Kirche bringt Jesus und muss wie Maria sein, als sie ihre Verwandte Elisabet besucht hat. Was hat Maria ihr gebracht? Jesus. Die Kirche bringt Jesus: Das ist der Mittelpunkt der Kirche, Jesus zu bringen! Nehmen wir an, es würde einmal passieren, dass die Kirche nicht Jesus bringt: Dann wäre das eine tote Kirche! Die Kirche muss die Liebe Jesu bringen, die Zuneigung Jesu, die Liebe Jesu.
Wir haben über Maria gesprochen, über Jesus. Und wir? Wir, die wir die Kirche sind? Welche Liebe bringen wir den anderen? Ist es die Liebe Jesu, der teilt, der vergibt, der begleitet, oder ist es eine verwässerte Liebe, wie man Wein verlängert, der wie Wasser schmeckt? Ist es eine starke Liebe, oder ist sie so schwach, dass sie der Sympathie folgt, dass sie die Gegenleistung sucht, eine eigennützige Liebe? Eine weitere Frage: Mag Jesus die eigennützige Liebe? Nein, er mag sie nicht, denn die Liebe muss unentgeltlich sein, wie seine Liebe. Wie sind die Beziehungen in unseren Pfarreien, in unseren Gemeinschaften? Behandeln wir einander wie Brüder und Schwestern? Oder urteilen wir übereinander, reden wir schlecht übereinander, kümmert sich ein jeder um sein kleines »Gärtlein«, oder kümmern wir uns umeinander? Das sind Fragen der Liebe!

»Lassen wir uns erleuchten vom Glauben Marias, die unsere Mutter ist.«

Maria als Vorbild der Einheit mit Christus. Das Leben der heiligen Jungfrau Maria war das Leben einer Frau ihres Volkes: Maria betete, arbeitete, ging in die Synagoge... Aber jede Tätigkeit wurde stets in vollkommener Einheit mit Jesus verrichtet. Diese Einheit erreicht ihren Höhepunkt auf Golgota: Hier vereint sich Maria mit ihrem Sohn im Martyrium des Herzens und in der Hingabe des Lebens an den Vater für das Heil der Menschheit. Die Gottesmutter hat sich den Schmerz ihres Sohnes zu

eigen gemacht und hat mit ihm den Willen des Vaters angenommen, in jenem fruchtbringenden Gehorsam, der den wahren Sieg über das Böse und über den Tod schenkt.
Diese Wirklichkeit, die Maria uns lehrt, ist sehr schön: immer mit Jesus vereint zu sein. Wir können uns fragen: Denken wir nur an Jesus, wenn etwas nicht stimmt und wir ihn brauchen, oder haben wir eine ständige Beziehung zu ihm, eine tiefe Freundschaft, auch wenn es darum geht, ihm auf dem Weg des Kreuzes nachzufolgen? Bitten wir den Herrn, dass er uns seine Gnade, seine Kraft schenke, damit sich in unserem Leben und im Leben einer jeden kirchlichen Gemeinschaft das Vorbild Marias, Mutter der Kirche, widerspiegelt. So sei es!

Generalaudienz am 23. Oktober 2013

Maria, himmlische Mutter

Der Engel des Herrn brachte Maria die Botschaft,
und sie empfing vom Heiligen Geist.
Gegrüßet seist du, Maria, voll der Gnade,
der Herr ist mit dir.
Du bist gebenedeit unter den Frauen.
Maria sprach: Siehe, ich bin die Magd des Herrn;
mir geschehe nach deinem Wort.
Gegrüßet seist du, Maria...
Und das Wort ist Fleisch geworden und hat unter
uns gewohnt.
Gegrüßet seist du, Maria...
Bitte für uns, heilige Gottesmutter
(heilige Gottesgebärerin),
(auf) dass wir würdig werden der
Verheißungen Christi.

Wollen wir unseren Blick auf die himmlische Mutter, die Jungfrau Maria richten. In diesen Tagen hat Jesus euch immer wieder mit Nachdruck eingeladen, seine Jünger und Missionare zu sein; ihr habt die Stimme des Guten Hirten gehört, der euch beim Namen gerufen hat, und ihr habt die Stimme, die euch rief, erkannt (vgl. Joh 10,4). Ist es nicht wahr, dass ihr in dieser Stimme, die in euren Herzen erklungen ist, die Zärtlichkeit der Liebe

Gottes gespürt habt? Habt ihr die Schönheit empfunden, Christus gemeinsam in der Kirche zu folgen? Habt ihr besser verstanden, dass das Evangelium die Antwort auf die Sehnsucht nach einem noch erfüllteren Leben ist? (vgl. Joh 10,10). Wirklich?

Die unbefleckte Jungfrau tritt im Himmel für uns ein wie eine gute Mutter, die ihre Kinder behütet. Maria lehre uns mit ihrem Leben, was es bedeutet, ein Jünger und Missionar zu sein. Jedes Mal, wenn wir den »Engel des Herrn« beten, gedenken wir des Ereignisses, das die Geschichte der Menschen für immer verändert hat. Als der Engel Gabriel Maria verkündete, dass sie die Mutter Jesu, des Retters, werden sollte, hat sie, auch ohne die volle Bedeutung jener Berufung zu begreifen, Gott vertraut und geantwortet: »Ich bin die Magd des Herrn; mir geschehe, wie du es gesagt hast« (Lk 1,38). Aber was hat sie unmittelbar danach getan? Nachdem sie die Gnade empfangen hatte, die Mutter des menschgewordenen Wortes zu werden, hat sie dieses Geschenk nicht für sich behalten; sie hat sich verantwortlich gefühlt und ist aufgebrochen, hat ihr Haus verlassen und ist zu ihrer Verwandten Elisabet geeilt, um ihr, die der Hilfe bedurfte, beizustehen (vgl. Lk 1,38-39). Sie hat ein Zeichen der Liebe gesetzt, eine Geste der Nächstenliebe und des konkreten Dienens vollzogen und Jesus gebracht, den sie im Schoß trug. Und das hat sie eilends getan!

»Sie hat ein Zeichen der Liebe gesetzt.«

Da seht ihr, liebe Freunde, unser Vorbild. Sie, die das kostbarste Geschenk von Gott erhalten hat, gibt ihre erste Antwort darauf, indem sie sich in Bewegung setzt, um zu dienen und Jesus zu bringen. Bitten wir die Muttergottes, uns zu helfen, dass auch wir die Freude Christi unseren Angehörigen, unseren Gefährten, unseren Freunden, allen weiterschenken. Fürchtet euch niemals, mit Christus großherzig zu sein! Es lohnt sich! Hinausgehen und mit Mut und Großmut aufbrechen, damit jeder Mensch dem Herrn begegnen kann.

Angelus zum XXVIII. Weltjugendtag in Rio de Janeiro am 28. Juli 2013

Marias Glaube löst den Knoten der Sünde

Maria führt uns immer zu Jesus. Sie ist eine Frau des Glaubens, eine wahrhaft Glaubende. Wir können uns fragen: Wie war der Glaube Marias?

1. Das erste Element ihres Glaubens ist dieses: Der Glaube Marias löst den Knoten der Sünde (vgl. Lumen Gentium, 56). Was bedeutet das? Die Konzilsväter haben ein Wort des heiligen Irenäus übernommen, der sagt, dass »der Knoten des Ungehorsams der Eva durch den Gehorsam Marias gelöst [wurde]; denn was die Jungfrau Eva durch ihren Unglauben angebunden hatte, das löste die Jungfrau Maria durch ihren Glauben« (Adversus Haereses III, 22, 4).

Der »Knoten« des Ungehorsams, der »Knoten« des Unglaubens. Wenn ein Kind der Mutter oder dem Vater nicht gehorcht, bildet sich, so könnten wir sagen, ein kleiner »Knoten«. Das geschieht, wenn das Kind sich bei seinem Handeln bewusst ist, was es tut, besonders wenn dabei eine Lüge mit im Spiel ist. In diesem Augenblick vertraut es der Mutter und dem Vater nicht. Ihr wisst, wie oft das geschieht! Da muss dann die Beziehung zu den Eltern von diesem Fehler gereinigt werden; das Kind bittet nämlich um Verzeihung, damit wieder Harmonie und Vertrauen herrsche. Etwas Ähnliches passiert bei unserer Beziehung zu Gott. Wenn wir auf ihn nicht hören, folgen wir nicht seinem Willen, vollziehen wir konkrete Handlungen, durch die wir einen Mangel an Vertrauen in ihn zeigen – und das ist die Sünde; sie bildet sich wie ein Knoten in unserem Innern. Und diese Knoten nehmen uns den Frieden und die Gelassenheit. Sie sind gefährlich, denn mehrere Knoten können zu einem Knäuel werden, das immer schmerzhafter wird und immer schwieriger zu lösen ist.

Aber für Gottes Barmherzigkeit – das wissen wir – ist nichts unmöglich! Auch die verworrensten Knoten lösen sich mit seiner Gnade. Und Maria hat mit ihrem »Ja« Gott die Tür geöffnet, damit er die Knoten des im Alten Bund begangenen Ungehorsams löse. Sie ist die Mutter, die uns mit Geduld und Zärtlichkeit zu Gott führt, damit er die Knoten unserer Seele mit seiner väterlichen Barmherzigkeit löse. Jeder von uns hat einige, und wir können uns in unserem Herzen fragen: Welche Knoten gibt es in meinem Leben? »Vater, die Meinen kann man nicht lösen!« Aber das ist ein Irrtum! Alle Knoten des Herzens, alle Knoten des Gewissens können gelöst werden. Bitte ich Maria, dass sie mir helfe, Vertrauen in die Barmherzigkeit Gottes zu haben, um sie zu lösen, um mich zu ändern? Sie, die Frau des Glaubens, wird uns sicher sagen: »Geh weiter, geh zum Herrn, er versteht dich.« Und sie führt uns an der Hand, die Mutter, in den Arm des Vaters, des Vaters der Barmherzigkeit.

»Für Gottes Barmherzigkeit ist nichts unmöglich!«

2. Das zweite Element: Der Glaube Marias gibt Jesus einen menschlichen Leib. Das Konzil sagt: »Im Glauben und Gehorsam gebar sie den Sohn des Vaters auf Erden, und zwar ohne einen Mann zu erkennen, vom Heiligen Geist überschattet« (Lumen Gentium, 63). Auf diesen Punkt haben die Kirchenväter sehr beharrt: Maria empfing Jesus im Glauben und dann im Fleisch, als sie »ja« zur Botschaft sagte, die Gott durch den Engel an sie richtete. Was will dies besagen? Dass Gott nicht Mensch

werden wollte, indem er unsere Freiheit überging; dass er durch die freie Zustimmung Marias, durch ihr »Ja« kommen wollte. Er hat sie gefragt: »Bist du dafür bereit?« Und sie hat geantwortet: »Ja.«

Was aber in der Jungfrau Maria auf einzigartige Weise erfolgt ist, geschieht auf geistlicher Ebene auch in uns, wenn wir das Wort Gottes mit bereitem und aufrichtigem Herzen aufnehmen und es in die Tat umsetzen. Es ist so, als ob Gott in uns Fleisch annehmen würde: Er kommt, um in uns zu wohnen, damit er in denen Wohnung nehme, die ihn lieben und sein Wort befolgen. Es ist nicht einfach, dies zu verstehen, aber, ja, es ist einfach, es im Herzen zu spüren.

Denken wir, die Menschwerdung Jesu sei nur ein Geschehen der Vergangenheit, das uns nicht persönlich betrifft? An Jesus zu glauben bedeutet, ihm mit der Demut und dem Mut Marias unser Fleisch anzubieten, damit er weiter unter den Menschen wohnen kann; es bedeutet, ihm unsere Hände anzubieten, um die Kleinen und die Armen zu liebkosen; unsere Füße, um den Brüdern entgegenzugehen; unsere Arme, um den, der schwach ist, zu stützen und um im Weinberg des Herrn zu arbeiten; unseren Geist, um im Licht des Evangeliums Pläne auszudenken und zu machen; und vor allem aber unser Herz anzubieten, um nach dem Willen Gottes zu lieben und Entscheidungen zu treffen. All das geschieht dank des Wirkens des Heiligen Geistes. Und so mögen wir die Werkzeuge Gottes sein, damit Jesus in der Welt durch uns handle.

»Der Glaube Marias gibt Jesus einen menschlichen Leib.«

3. Und das letzte Element ist der Glaube Marias als Weg: Das Konzil sagt, dass Maria »den Pilgerweg des Glaubens« ging (ebd., 58). Deswegen geht sie uns auf diesem Pilgerweg voran, begleitet und stützt sie uns.

Inwiefern war der Glaube Marias ein Weg? In dem Sinn, dass ihr ganzes Leben darin bestand, ihrem Sohn zu folgen: Er – Jesus – ist die Straße, und er ist der gegangene Weg. Im Glauben fortzuschreiten, auf diesem geistlichen Pilgerweg des Glaubens voranzukommen heißt nichts anderes, als Jesus zu folgen; als ihn zu hören, sich von seinen Worten leiten zu lassen; zu sehen, wie er sich verhält, und unsere Füße in seine Spur zu setzen; so wie er gesinnt zu sein und sich zu verhalten: Und wie ist Jesus gesinnt und wie verhält er sich? Demut, Barmherzigkeit, Nähe zu zeigen, aber auch Heuchelei, Falschheit, Götzendienst entschieden abzulehnen. Der Weg Jesu ist der Weg der Liebe, die treu ist bis zum Ende, bis zur Hingabe des Lebens, es ist der Weg des Kreuzes. Deshalb geht der Weg des Glaubens über das Kreuz. Maria hat dies von Anfang an verstanden, als Herodes den eben erst geborenen Jesus umbringen wollte. Dann aber wurde dieses Kreuz schwerer, als Jesus abgelehnt wurde: Maria war immer bei Jesus, sie folgte Jesus mitten im Volk, sie hörte das Geschwätz, den Hass jener, die den Herrn nicht liebten. Und dieses Kreuz hat sie getragen. Da trat der Glaube Marias dem Unverständnis und der Verachtung entgegen. Als die »Stunde« Jesu kam, d.h. die Stunde seines Leidens: Da war der Glaube Marias das Flämmchen in der Nacht, jenes Flämmchen in dunkelster Nacht. In der Nacht des Karsamstags hat Maria gewacht. Ihr Flämmchen, klein und doch hell, brannte bis zum Morgen der Auferstehung, und als die Nachricht zu ihr drang, dass das Grab leer sei, breitete sich in ihrem Herzen die Freude des Glaubens aus, der christliche Glaube an den Tod und die Auferstehung Jesu Christi. Denn der Glaube führt uns immer zur Freude, und sie ist die Mutter der Freude. Sie lehre uns, diese Straße der Freude zu gehen und diese Freude zu leben! Dies ist der Gipfel – diese Freude, diese Begegnung von Jesus und Maria, stellen wir uns doch vor, wie es war ... Dies ist der Gipfel des Glaubensweges Marias und der Kirche. Wie ist unser Glaube? Halten wir ihn am Brennen, wie Maria, auch in den schwierigen, in den dunklen Augenblicken? Habe ich die Freude des Glaubens gespürt?

Ansprache am 12. Oktober 2013

Unter dem Segen des Herrn

Der Herr sprach zu Mose: Sag zu Aaron und seinen Söhnen: So sollt ihr die Israeliten segnen; sprecht zu ihnen: Der Herr segne dich und behüte dich. Der Herr lasse sein Angesicht über dich leuchten und sei dir gnädig. Der Herr wende sein Angesicht dir zu und schenke dir Heil. So sollen sie meinen Namen auf die Israeliten legen, und ich werde sie segnen.

(Num 6,22–27)

Das alte Segensgebet, das Gott dem Mose eingegeben hatte, damit er es Aaron und seinen Söhnen beibringe, war: »Der Herr segne dich und behüte dich. Der Herr lasse sein Angesicht über dich leuchten und sei dir gnädig. Der Herr wende sein Angesicht dir zu und schenke dir Heil« (Num 6,24-25). Es ist ganz besonders bedeutsam, diese Segensworte zu Beginn eines neuen Jahres wieder zu hören: Sie werden unseren Weg durch die Zeit, die sich vor uns auftut, begleiten. Es sind Worte der Kraft, des Mutes und der Hoffnung – nicht einer illusorischen Hoffnung, die sich auf zerbrechliche menschliche Versprechen gründet, und auch nicht einer einfältigen Hoffnung, die sich die Zukunft besser vorstellt, einfach weil sie Zukunft ist. Diese Hoffnung hat ihren Grund genau im Segen Gottes, einem Segen, der den bedeutendsten Wunsch enthält, den Wunsch der Kirche für jeden von uns, die Fülle des liebevollen Schutzes des Herrn und seiner vorsehenden Hilfe.

Der in diesem Segen enthaltene Wunsch hat sich vollkommen verwirklicht in einer Frau, in Maria, da sie dazu bestimmt war, die Mutter Gottes zu werden, und er hat sich in ihr früher als in jedem anderen Geschöpf verwirklicht.

Mutter Gottes! Das ist der wichtigste und wesentlichste Titel Marias. Es geht um eine Eigenschaft, um eine Rolle, die der Glaube des christlichen Volkes in seiner liebevollen und lauteren Frömmigkeit zur himmlischen Mutter von jeher wahrgenommen hat.

Denken wir an jenen großen Moment in der Geschichte der alten Kirche, an das Konzil von Ephesus, in dem die Gottesmutterschaft der Jungfrau Maria maßgebend definiert wurde. Die Wahrheit der Gottesmutterschaft Marias fand einen Widerhall in Rom, wo wenig später die Basilika Santa Maria Maggiore erbaut wurde, das erste marianische Heiligtum Roms und des gesamten Westens, in dem das Bild der Gottesmutter – der Theotokos – unter dem Titel Salus Populi Romani [Heil des römischen Volkes] verehrt wird. Es wird erzählt, dass die Bewohner von Ephesus sich während des Konzils an den Seiten des Portals der Basilika, in der sich die Bischöfe versammelten, zusammenfanden und »Mutter Gottes!« riefen. Indem die Gläubigen die offizielle Definition dieses Titels der Jungfrau Maria forderten, zeigten sie, dass sie ihre Gottesmutterschaft anerkannten. Es ist das spontane und ehrliche Verhalten der Kinder, die ihre Mutter gut kennen, weil sie sie mit unermesslicher Zärtlichkeit lieben. Es ist aber mehr: Es ist der sensus fidei des heiligen

»Unser Glaubensweg ist unlöslich mit dem Marias verbunden.«

gläubigen Gottesvolkes, das sich niemals, in seiner Einheit niemals irrt.

Maria ist von jeher im Herzen, in der Frömmigkeit und vor allem im Glaubensweg des christlichen Volkes gegenwärtig. »Die Kirche schreitet in der Zeit voran ... aber auf dieser Pilgerschaft ... geht sie denselben Weg, den auch die Jungfrau Maria zurückgelegt hat« (Johannes Paul II., Enzyklika Redemptoris Mater, 2). Unser Glaubensweg ist der gleiche wie der von Maria, darum spüren wir, dass sie uns besonders nahe ist!

»Mutter Gottes! Das ist der wichtigste und wesentlichste Titel Marias.«

In Bezug auf den Glauben, den Angelpunkt des christlichen Lebens, hat die Gottesmutter unsere Lage geteilt, hat sie dieselben, manchmal schwierigen und dunklen Wege gehen müssen wie wir, hat sie voranschreiten müssen auf dem »Pilgerweg des Glaubens« (Zweites Vatikanisches Konzil, Dogm. Konst. Lumen gentium, 58).

Unser Glaubensweg ist unlöslich mit dem Marias verbunden, seit der sterbende Jesus sie uns vom Kreuz herab zur Mutter gegeben hat mit den Worten: »Siehe, deine Mutter!« (Joh 19,27). Diese Worte haben die Bedeutung eines Testamentes und geben der Welt eine Mutter. Von jenem Augenblick an ist die Mutter Gottes auch unsere Mutter geworden! In der Stunde, in der der Glaube der Jünger durch viele Schwierigkeiten und Unsicherheiten brüchig wurde, vertraute Jesus sie derjenigen an, die die Erste war, die geglaubt hatte und deren Glaube niemals nachlassen sollte. Und die »Frau« wird unsere Mutter in dem Moment, in dem sie ihren göttlichen Sohn verliert. Ihr verwundetes Herz weitet sich, um allen Menschen, guten und bösen, allen Raum zu geben, und liebt sie, wie Jesus sie geliebt hatte. Die Frau, die bei der Hochzeit von Kana in Galiläa ihre Mitwirkung im Glauben zur Offenbarung der Wunder Gottes in der Welt gegeben hatte, hält auf dem Kalvarienberg die Flamme des Glaubens an die Auferstehung ihres Sohnes brennend und vermittelt mit mütterlicher Liebe diesen Glauben den anderen. So wird Maria zur Quelle von Hoffnung und wahrer Freude!

Die Mutter des Erlösers geht uns voran und bestärkt uns ständig im Glauben, in der Berufung und in der Mission. Mit ihrem Beispiel der Demut und der Bereitschaft gegenüber dem Willen Gottes hilft sie uns, unseren Glauben umzusetzen in eine frohe und grenzenlose Verkündigung des Evangeliums. So wird unsere Mission fruchtbar sein, weil sie nach dem Vorbild der Mütterlichkeit Marias gebildet ist. Ihr vertrauen wir unseren Glaubensweg, unsere Herzenswünsche, unsere Nöte und die Bedürfnisse der ganzen Welt an, besonders den Hunger und den Durst nach Gerechtigkeit und Frieden und nach Gott. Und alle gemeinsam rufen wir sie an, und ich lade euch ein, sie dreimal anzurufen, indem wir die Brüder und Schwestern von Ephesus nachahmen und zu ihr »Mutter Gottes« sagen. – Mutter Gottes! Mutter Gottes! Mutter Gottes! Amen.

Predigt am 1. Januar 2014

Mutter Gottes

Mutter der Stille,
die das Geheimnis Gottes bewahrt,
befreie uns von der Vergötzung der
Gegenwart, zu der derjenige verurteilt ist,
der vergisst.

Reinige die Augen der Hirten
mit der Salbe der Erinnerung:
Wir werden zur Frische der Anfänge
zurückkehren, für eine betende und
bußfertige Kirche.

Mutter der Schönheit,
die aus der Treue zur täglichen
Arbeit erblüht,
wecke uns aus der Benommenheit
der Trägheit, der Engherzigkeit und
der Resignation.

Bekleide die Hirten mit jenem Mitleid,
das eint und integriert:
Wir werden die Freude einer dienenden,
demütigen und geschwisterlichen Kirche
entdecken.

Mutter der Zärtlichkeit,
die mit Geduld und Barmherzigkeit umhüllt,
hilf uns, Traurigkeit, Ungeduld und
Härte dessen zu verbrennen, der keine
Zugehörigkeit kennt.

Bitte bei deinem Sohn, damit unsere Hände,
Füße und Herzen geschickt seien:
Wir werden die Kirche mit der Wahrheit in
Liebe aufbauen.

Mutter, wir werden das Volk Gottes sein,
auf dem Pilgerweg zum Reich Gottes.
Amen.

Gebet aus der Predigt am 23. Mai 2013

»Maria ist Mutter, und eine Mutter sorgt sich vor allem um das Wohlergehen ihrer Kinder, sie weiß sie immer mit großer und zärtlicher Liebe zu pflegen.«

Worte zum Rosenkranzgebet in der Papstbasilika Santa Maria Maggiore am 4. Mai 2013

Maria, Mutter der Liebe

Schaut auf die Mutter

Der Blick! Wie wichtig ist er! Wie viel kann man mit einem Blick sagen! Zuneigung, Ermutigung, Mitleid, Liebe, aber auch Vorwurf, Neid, Stolz, sogar Hass. Oft sagt ein Blick mehr als Worte oder sagt das, was Worte nicht zu sagen vermögen oder wagen.
Auf wen blickt Maria? Sie blickt auf uns alle, auf einen jeden von uns. Und wie schaut sie uns an? Sie schaut uns an wie eine Mutter, voll Zärtlichkeit, Barmherzigkeit und Liebe. So hat sie ihren Sohn angeschaut in allen Momenten seines Lebens – in den freudenreichen, den lichtreichen, den schmerzhaften und den glorreichen Momenten, wie wir sie in den Geheimnissen des Rosenkranzes betrachten – und zwar einfach voll Liebe.
Wenn wir müde und entmutigt sind, wenn wir von den Problemen erdrückt werden, dann schauen wir auf Maria und spüren ihren Blick, der zu unserem Herzen spricht: »Nur Mut, mein Kind, ich bin da und stütze dich!« Die Muttergottes kennt uns gut, sie ist eine »Mama« und weiß wohl, welche unsere Freuden und Schwierigkeiten, unsere Hoffnungen und Enttäuschungen sind. Wenn wir die Last unserer Schwachheit, unserer Sünden spüren, dann schauen wir auf Maria, die zu unserem Herzen spricht: »Steh auf, geh zu meinem Sohn Jesus, bei ihm findest du Aufnahme, Barmherzigkeit und neue Kraft, um den Weg weiterzugehen.«
Der Blick Marias richtet sich nicht nur auf uns. Unter

dem Kreuz, als Jesus den Apostel Johannes und mit ihm uns alle ihr mit den Worten: »Frau, siehe dein Sohn« (Joh 19,26) anvertraut, da ist der Blick Marias fest auf Jesus gerichtet. Und Maria sagt uns wie bei der Hochzeit zu Kana: »Was er euch sagt, das tut« (Joh 2,5). Maria weist auf Jesus hin; sie lädt uns ein, Jesus zu bezeugen; sie führt uns immer zu ihrem Sohn Jesus, denn nur in ihm ist Heil, nur er kann das Wasser der Einsamkeit, der Schwierigkeit und der Sünde in den Wein der Begegnung, der Freude und der Vergebung verwandeln. Er allein.

»Nur Mut, mein Kind, ich bin da und stütze dich!«

»Selig ist die, die geglaubt hat!« (Lk 1,45). Maria ist selig wegen ihres Gottvertrauens, wegen ihres Glaubens; denn der Blick ihres Herzens war stets fest auf Gott gerichtet, auf den Sohn Gottes, den sie im Schoß getragen und am Kreuz betrachtet hat. Bei der Anbetung des Allerheiligsten Sakraments sagt Maria zu uns: »Schau auf meinen Sohn, halte den Blick fest auf ihn gerichtet, hör auf ihn, sprich mit ihm. Er blickt dich in Liebe an. Hab keine Angst! Er wird dich lehren, ihm zu folgen, um ihn in den großen und kleinen Handlungen deines Lebens zu bezeugen, in den Beziehungen in der Familie, bei deiner Arbeit, in festlichen Stunden; er wird dich lehren, aus dir herauszugehen, aus dir selbst heraus, um die anderen in Liebe anzublicken wie er. Nicht mit Worten, sondern mit Taten hat er dich geliebt und liebt er dich!«

O Maria, lass uns deinen mütterlichen Blick spüren, führe uns zu deinem Sohn, mach, dass wir nicht Christen »fürs Schaufenster« sind, sondern solche, die sich die Ärmel hochkrempeln, um mit deinem Sohn Jesus sein Reich der Liebe, der Freude und des Friedens aufzubauen.

Botschaft am 12. Oktober 2013

Unbefleckte Empfängnis

Am Festtag der Unbefleckten Empfängnis Mariens wird unser Blick von der Schönheit der Mutter Jesu angezogen, unserer Mutter! Mit großer Freude betrachtet die Kirche »die Begnadete« (Lk 1,28), und wir fangen mit diesen Worten an. Dreimal sagen wir: »Voll der Gnade!«. Alle: Voll der Gnade! Voll der Gnade! Voll der Gnade! Und so hat Gott in seinem Plan der Liebe vom ersten Augenblick an auf sie geblickt. Er hat gesehen, wie schön sie ist, voll der Gnade. Unsere Mutter ist schön! Maria stützt uns auf unserem Weg hin zum Weihnachtsfest, weil sie uns lehrt, wie wir diese Zeit des Advents in der Erwartung des Herrn leben sollen. Denn diese Zeit des Advents ist Erwartung des Herrn, der uns alle im Fest besuchen wird, aber einen jeden auch in unserem Herzen. Der Herr kommt! Erwarten wir ihn!

Das Evangelium des heiligen Lukas stellt uns Maria vor Augen, ein Mädchen aus Nazaret, einer kleinen Ortschaft Galiläas am Rand des Römischen Reichs und auch am Rand Israels. Ein Dorf. Und dennoch: Auf sie, auf jenes Mädchen jenes fernen Dorfes, auf ihr ruhte der Blick des Herrn, der sie auserwählt hat, die Mutter seines Sohnes zu sein. Im Hinblick auf diese Mutterschaft ist Maria vor der Erbschuld bewahrt worden, das heißt vor jenem Bruch in der Gemeinschaft mit Gott, mit den anderen und mit der Schöpfung, der jeden Menschen in der Tiefe verletzt. Doch dieser Bruch ist

im Voraus in der Mutter dessen geheilt worden, der gekommen ist, um uns von der Knechtschaft der Sünde zu befreien. Die unbefleckt Empfangene ist in den Plan Gottes eingeschrieben; sie ist Frucht der Liebe Gottes, die die Welt rettet.
Und die Gottesmutter hat sich niemals von dieser Liebe entfernt: ihr ganzes Leben, ihr ganzes Sein ist ein »Ja« zu dieser Liebe, ein »Ja« zu Gott. Doch gewiss ist es nicht leicht für sie gewesen! Als der Engel sie »die Begnadete« nennt (Lk 1,28), »erschrickt« sie über die Anrede, da sie sich in ihrer Demut als ein Nichts vor Gott fühlt. Der Engel tröstet sie: »Fürchte dich nicht, Maria; denn du hast bei Gott Gnade gefunden. Du wirst ein Kind empfangen[...]: dem sollst du den Namen Jesus geben« (V. 30-31). Diese Verkündigung erschüttert sie noch mehr, auch weil sie noch nicht mit Josef verheiratet war; doch der Engel fügt hinzu: »Der Heilige Geist wird über dich kommen [...]. Deshalb wird auch das Kind heilig und Sohn Gottes genannt werden« (V. 35). Maria hört, gehorcht im Inneren und antwortet: »Ich bin die Magd des Herrn; mir geschehe, wie du es gesagt hast« (V. 38)

»Ihr ganzes Sein ist ein ›Ja‹ zu dieser Liebe.«

Das Geheimnis dieses Mädchens aus Nazaret, das im Herzen Gottes ist, ist uns nicht fremd. Es ist nicht so, dass sie dort und wir hier wären. Nein, wir sind verbunden. Gott nämlich richtet seinen Blick der Liebe auf jeden Mann und jede Frau! Mit Vornamen und Nachnamen. Sein Blick der Liebe ruht auf einem jeden von uns. Der Apostel Paulus sagt, dass Gott »uns erwählt [hat] vor der Erschaffung der Welt, damit wir heilig und untadelig leben« (Eph 1,4). Auch wir sind von jeher von Gott erwählt, damit wir ein heiliges Leben frei von der Sünde leben. Dies ist ein Liebesplan, den Gott jedes Mal erneuert, wenn wir uns ihm nähern, besonders in den Sakramenten.

Wenn wir an diesem Fest also unsere unbefleckte, schöne Mutter betrachten, erkennen wir auch unsere wahrste Bestimmung, unsere tiefste Berufung: geliebt zu werden, von der Liebe verwandelt zu werden, von der Schönheit Gottes verwandelt zu werden. Blicken wir auf sie, unsere Mutter, und lassen wir uns von ihr anschauen, weil sie unsere Mutter ist und uns so sehr liebt. Lassen wir uns von ihr anschauen, um zu lernen, demütiger zu sein und auch mutiger in der Nachfolge des Wortes Gottes; um die zarte Umarmung ihres Sohnes Jesus anzunehmen, eine Umarmung, die uns Leben, Hoffnung und Frieden schenkt.

Angelus am 8. Dezember 2013

Die Geschenke der Mutter, unserer Mutter

Maria schenkt uns das Wohlergehen, sie ist unser Wohl. Jesus Christus schenkt uns durch sein Leiden, seinen Tod und seine Auferstehung das Heil, er schenkt uns die Gnade und die Freude, Kinder Gottes zu sein, Gott wahrhaft Vater zu nennen. Maria ist Mutter, und eine Mutter sorgt sich vor allem um das Wohlergehen ihrer Kinder, sie weiß sie immer mit großer und zärtlicher Liebe zu pflegen. Die Muttergottes behütet unser Wohlergehen. Was heißt das, dass die Muttergottes unser Wohlsein behütet? Ich denke vor allem an drei Aspekte: sie hilft uns zu wachsen, das Leben in Angriff zu nehmen, frei zu sein; sie hilft uns zu wachsen, sie hilft uns, das Leben in Angriff zu nehmen, sie hilft uns, frei zu sein.

1. Eine Mutter hilft den Kinder zu wachsen und will, dass sie gut aufwachsen; deshalb erzieht sie sie dazu, nicht der Faulheit nachzugeben – die auch einem gewissen Wohlstand entspringt –, sich nicht einem bequemen Leben hinzugeben, das sich damit zufriedengibt, lediglich Dinge zu besitzen. Die Mutter kümmert sich um ihre Kinder, damit sie immer mehr wachsen, stark werden, fähig, Verantwortung zu übernehmen, sich im Leben zu engagieren, nach großen Idealen zu streben. Das Evangelium des heiligen Lukas sagt uns, dass Jesus in der Familie von Nazaret »heranwuchs und kräftig wurde, erfüllt von Weisheit, und die Gnade Gottes ruhte auf ihm« (vgl. Lk 2,40). Gerade dies tut die Muttergottes in uns,

sie hilft uns, menschlich und im Glauben zu wachsen, stark zu sein und nicht der Versuchung nachzugeben, auf oberflächliche Weise Menschen und Christen zu sein, sondern mit Verantwortung zu leben und immer nach dem Höheren zu streben.

2. Eine Mutter denkt dann an das Wohlergehen der Kinder auch, indem sie sie dazu erzieht, den Schwierigkeiten des Lebens entgegenzutreten. Man erzieht nicht, man sorgt nicht für das Wohlergehen, indem man Probleme vermeidet, als wäre das Leben eine Autobahn ohne Hindernisse. Die Mutter hilft den Kindern, die Probleme des Lebens mit realistischem Blick zu betrachten und sich nicht in ihnen zu verlieren, sondern sie mutig in Angriff zu nehmen, nicht schwach zu sein und sie zu überwinden zu wissen in einem gesunden Gleichgewicht, das eine Mutter zwischen den Bereichen der Sicherheit und den Zonen der Gefahr »spürt«. Und das kann eine Mutter gut! Sie bringt das Kind nicht immer auf den Weg der Sicherheit, denn auf diese Weise kann das Kind nicht wachsen, aber sie lässt es auch nicht nur auf dem Weg der Gefahr, denn das ist gefährlich. Eine Mutter weiß die Dinge in das rechte Gleichgewicht zu bringen. Ein Leben ohne Herausforderungen gibt es nicht, und ein Junge oder Mädchen, die sie nicht anzunehmen und sich selbst dabei ins Spiel zu bringen wissen, haben kein Rückgrat! Erinnern wir uns an das Gleichnis vom barmherzigen Samariter: Jesus stellt nicht den Priester und den Leviten als Beispiel vor Augen, die es vermeiden, dem von Räubern Überfallenen zur Hilfe zu kommen, sondern den Samariter, der die Situation jenes Mannes sieht und sie konkret angeht, auch unter Gefahren.

»Die Muttergottes in uns, sie hilft uns, menschlich und im Glauben zu wachsen.«

Maria hat viele nicht leichte Momente in ihrem Leben

erlebt, von der Geburt Jesu, als »in der Herberge kein Platz für sie war« (Lk 2,7), bis hin zu Golgota (vgl. Joh 19,25). Und wie eine gute Mutter ist sie uns nahe, damit wir angesichts der Widrigkeiten des Lebens, angesichts unserer Schwäche, angesichts unserer Sünden nie den Mut verlieren: sie gibt uns Kraft, sie weist uns den Weg ihres Sohnes. Jesus sagt vom Kreuz herab zu Maria, indem er auf Johannes weist: »Frau, siehe, dein Sohn!« Und zu Johannes sagt er: »Siehe, deine Mutter!« (vgl. Joh 19,26–27). In diesem Jünger sind wir alle vertreten: der Herr vertraut uns den liebevollen und zärtlichen

Händen der Mutter an, damit wir ihre Hilfe spüren, wenn wir die Schwierigkeiten unseres menschlichen und christlichen Weges annehmen und besiegen; keine Angst vor den Schwierigkeiten haben, sie mit der Hilfe der Mutter annehmen.

3. Eine gute Mutter begleitet die Kinder nicht nur bei ihrem Wachstum, indem sie den Problemen, den Herausforderungen des Lebens nicht ausweicht; eine gute Mutter hilft auch, endgültige Entscheidungen in Freiheit zu treffen. Das ist nicht leicht, aber eine Mutter weiß das zu tun. Aber was heißt Freiheit? Es bedeutet sicherlich nicht, alles zu tun, was man will, sich von den Leidenschaften beherrschen zu lassen, eine Erfahrung nach der anderen zu machen ohne Unterscheidung, den Moden der Zeit zu folgen; Freiheit bedeutet nicht, sozusagen all das, was uns nicht gefällt, aus dem Fenster zu werfen. Nein, das ist keine Freiheit! Die Freiheit ist uns gegeben, damit wir im Leben gute Entscheidungen zu treffen wissen! Maria erzieht uns als gute Mutter dazu, wie sie fähig zu sein, endgültige Entscheidungen zu treffen; endgültige Entscheidungen, in diesem Moment, in dem sozusagen die Philosophie des Vorläufigen herrscht. Es ist so schwer, sich im Leben endgültig zu verpflichten. Und sie hilft uns, endgültige Entscheidungen zu treffen in jener vollen Freiheit, in der sie »Ja« gesagt hat zum Plan Gottes für ihr Leben (vgl. Lk 1,38).

»Ein Leben ohne Herausforderungen gibt es nicht.«

Wie schwer ist es in unserer Zeit, endgültige Entscheidungen zu treffen. Das Vorläufige verführt uns. Wir sind Opfer einer Tendenz, die uns zur Vorläufigkeit drängt... als wollten wir Heranwachsende bleiben. Es ist ein wenig die Faszination, Heranwachsende zu bleiben, und das das ganze Leben lang!

Haben wir keine Angst vor endgültigen Verpflichtungen,

vor Verpflichtungen, die das ganze Leben betreffen und umfassen! So wird unser Leben fruchtbar werden! Und das ist Freiheit: den Mut zu haben, diese Entscheidungen mit Großherzigkeit zu treffen.

Das ganze Leben Mariens ist eine Hymne auf das Leben, eine Hymne der Liebe auf das Leben: sie hat Jesus im Fleisch geboren und hat die Geburt der Kirche auf Golgota und im Abendmahlssaal begleitet. Die »Salus Populi Romani« ist die Mutter, die uns das Wohlergehen im Wachstum schenkt, sie schenkt uns das Wohl beim Angehen und Überwinden der Probleme, sie schenkt uns Wohlergehen, indem sie uns frei macht für endgültige Entscheidungen; die Mutter lehrt uns, fruchtbar zu sein, für das Leben offen zu sein und immer Früchte des Guten zu bringen, Früchte der Freude, Früchte der Hoffnung, niemals die Hoffnung zu verlieren, den anderen das Leben zu schenken, physisch und geistlich.

»Haben wir keine Angst vor endgültigen Verpflichtungen.«

Rosenkranzgebet am 4. Mai 2013

Maria im Himmel und auf Erden

Im Schlussteil der Konstitution über die Kirche hat das Zweite Vatikanische Konzil uns eine wunderschöne Meditation über die Allerseligste Jungfrau Maria hinterlassen. Ich erwähne nur die Aussagen, die sich auf das Geheimnis beziehen, das wir heute feiern. Die erste lautet: »Die unbefleckte Jungfrau, von jedem Makel der Erbsünde unversehrt bewahrt, [wurde] nach Vollendung des irdischen Lebenslaufs mit Leib und Seele in die himmlische Herrlichkeit aufgenommen und als Königin des Alls vom Herrn erhöht« (Nr. 59). Und gegen Ende des Textes heißt es dann: »Wie die Mutter Jesu, im Himmel schon mit Leib und Seele verherrlicht, Bild und Anfang der in der kommenden Weltzeit zu vollendenden Kirche ist, so leuchtet sie auch hier auf Erden in der Zwischenzeit bis zur Ankunft des Tages des Herrn als Zeichen der sicheren Hoffnung und des Trostes dem wandernden Gottesvolk voran« (Nr. 68). Im Licht dieser wunderschönen Ikone unserer Mutter können wir die Botschaft betrachten, die in den biblischen Lesungen enthalten ist, die wir eben gehört haben. Dabei können wir uns auf drei Schlüsselworte konzentrieren: Kampf, Auferstehung, Hoffnung.

Dann erschien ein großes Zeichen am Himmel: eine Frau, mit der Sonne bekleidet; der Mond war unter ihren Füßen und ein Kranz von zwölf Sternen auf ihrem Haupt. Sie war schwanger und schrie vor Schmerz in ihren Geburtswehen.

Ein anderes Zeichen erschien am Himmel: ein Drache, groß und feuerrot, mit sieben Köpfen und zehn Hörnern und mit sieben Diademen auf seinen Köpfen. Sein Schwanz fegte ein Drittel der Sterne vom Himmel und warf sie auf die Erde herab.
Der Drache stand vor der Frau, die gebären sollte; er wollte ihr Kind verschlingen, sobald es geboren war. Und sie gebar ein Kind, einen Sohn, der über alle Völker mit eisernem Zepter herrschen wird. Und ihr Kind wurde zu Gott und zu seinem Thron entrückt. Die Frau aber floh in die Wüste, wo Gott ihr einen Zufluchtsort geschaffen hatte.

(Offb 12,3 6)

»Auch Maria hat das Martyrium des Kreuzes kennen gelernt: das Martyrium ihres Herzens, das Martyrium der Seele.«

Der Tempel Gottes im Himmel wurde geöffnet und in seinem Tempel wurde die Lade seines Bundes sichtbar: Da begann es zu blitzen, zu dröhnen und zu donnern, es gab ein Beben und schweren Hagel.
Dann erschien ein großes Zeichen am Himmel: eine Frau, mit der Sonne bekleidet; der Mond war unter ihren Füßen und ein Kranz von zwölf Sternen auf ihrem Haupt.
Sie war schwanger und schrie vor Schmerz in ihren Geburtswehen.
Ein anderes Zeichen erschien am Himmel: ein Drache, groß und feuerrot, mit sieben Köpfen und zehn Hörnern und mit sieben Diademen auf seinen Köpfen.
Sein Schwanz fegte ein Drittel der Sterne vom Himmel und warf sie auf die Erde herab. Der Drache stand vor der Frau, die gebären sollte; er wollte ihr Kind verschlingen, sobald es geboren war.
Und sie gebar ein Kind, einen Sohn, der über alle Völker

mit eisernem Zepter herrschen wird. Und ihr Kind wurde zu Gott und zu seinem Thron entrückt.
Die Frau aber floh in die Wüste, wo Gott ihr einen Zufluchtsort geschaffen hatte; dort wird man sie mit Nahrung versorgen, zwölfhundertsechzig Tage lang.
Da hörte ich eine laute Stimme im Himmel rufen: Jetzt ist er da, der rettende Sieg, /
die Macht und die Herrschaft unseres Gottes / und die Vollmacht seines Gesalbten; denn gestürzt wurde der Ankläger unserer Brüder, / der sie bei Tag und bei Nacht / vor unserem Gott verklagte.

(Off 11,19a; 12,1–6a. 10ab)

Der Abschnitt aus der Offenbarung stellt die Vision eines Kampfes zwischen der Frau und dem Drachen vor Augen. Die Gestalt der Frau, die für die Kirche steht, ist einerseits herrlich, triumphierend, und andererseits liegt sie noch in Geburtswehen. So ist die Kirche tatsächlich: Auch wenn sie im Himmel schon an der Herrlichkeit ihres Herrn teilhat, erlebt sie in der Geschichte unablässig die Prüfungen und die Herausforderungen, die der Konflikt zwischen Gott und dem Bösen – dem Feind von jeher – mit sich bringt. Und in diesem Kampf, dem die Jünger Jesu sich stellen müssen – wir alle, wir, alle Jünger Christi müssen diesen Kampf aufnehmen –, lässt Maria sie nicht allein; die Mutter Christi und der Kirche ist immer bei uns. Immer ist sie mit uns unterwegs, ist bei uns. In gewissem Sinne teilt auch Maria diesen zweifachen Zustand. Natürlich ist sie bereits ein für allemal in die Herrlichkeit des Himmels eingetreten. Doch das bedeutet nicht, dass sie fern, dass sie von uns getrennt ist; im Gegenteil, Maria begleitet uns, sie kämpft an unserer Seite, sie unterstützt die Christen im Kampf gegen die Kräfte des Bösen. Das Gebet mit Maria, besonders der Rosenkranz – aber hört gut zu: der Rosenkranz! Betet ihr den Rosenkranz jeden Tag? – [Die Leute rufen: Ja!] – Aber ich weiß nicht... Wirklich? Na gut. Das Gebet mit Maria, besonders der Rosenkranz, besitzt auch diese »kämpferische« Dimension des Ringens; es ist ein Gebet, das in der Schlacht gegen den Bösen und seine Helfershelfer Unterstützung bietet. Auch der Rosenkranz unterstützt uns im Kampf!

Nun aber ist Christus von den Toten auferweckt worden als der Erste der Entschlafenen. Da nämlich durch einen Menschen der Tod gekommen ist, kommt durch einen Menschen auch die Auferstehung der Toten. Denn wie in Adam alle sterben, so werden in Christus alle lebendig gemacht werden.
Es gibt aber eine bestimmte Reihenfolge: Erster ist Christus; dann folgen, wenn Christus kommt, alle, die zu ihm gehören. Danach kommt das Ende, wenn er jede Macht, Gewalt und Kraft vernichtet hat und seine Herrschaft Gott, dem Vater, übergibt. Denn er muss herrschen, bis Gott ihm alle Feinde unter die Füße gelegt hat. Der letzte Feind, der entmachtet wird, ist der Tod. Sonst hätte er ihm nicht alles zu Füßen gelegt.

(1. Kor 15,20–27a)

Das Neue Testament spricht uns von der Auferstehung. Der Apostel Paulus betont in seinem Brief an die Korinther mit Nachdruck, dass Christ sein bedeutet, daran zu glauben, dass Christus wirklich von den Toten auferstanden ist. Unser ganzer Glaube gründet sich auf diese fundamentale Wahrheit, die keine Idee, sondern ein Ereignis ist. Und auch das Geheimnis von der Aufnahme Marias in den Himmel mit Leib und Seele ist ganz in die Auferstehung Christi eingefügt. Die Menschheit der Mutter ist vom Sohn in dessen Übergang durch den Tod hindurch gleichsam »mit hineingezogen« worden. Jesus ist ein für allemal ins ewige Leben eingegangen, mit seiner ganzen Menschheit – jener Menschheit, die er von Maria genommen hatte. So ist Maria, die Mutter, die ihm das ganze Leben hindurch treu gefolgt ist – ihm mit dem Herzen gefolgt ist – mit ihm ins ewige Leben eingetreten, das wir auch Himmel, Paradies, Vaterhaus nennen.

Auch Maria hat das Martyrium des Kreuzes kennen gelernt: das Martyrium ihres Herzens, das Martyrium der Seele. Sie hat so sehr gelitten, in ihrem Herzen, als Jesus am Kreuz litt. Sie hat den Leidensweg ihres Sohnes in ihrem Innern bis zum Grund durchlebt. Im Tod war sie mit ihm völlig vereint, und darum wurde ihr das Geschenk der Auferstehung zuteil. Christus ist der Erste der Auferstandenen, und Maria ist die Erste der Erlösten, die Erste von denen, »die zu ihm gehören«. Sie ist unsere Mutter, doch wir können auch sagen, sie ist unsere Repräsentantin; sie ist unsere Schwester, unsere erste Schwester, sie ist die Erste der Erlösten, die im Himmel angekommen ist.

Predigt am 15. August 2013

»Maria ist immer dort, nahe bei den Gemeinschaften, die leiden, bei diesen unseren Brüdern und Schwestern, ist mit ihnen unterwegs, leidet mit ihnen und singt mit ihnen das Magnificat der Hoffnung.«

Predigt am 15. August 2013

Maria, Mutter der Hoffnung

Worte der Hoffnung

Nach einigen Tagen machte sich Maria auf den Weg und eilte in eine Stadt im Bergland von Judäa. Sie ging in das Haus des Zacharias und begrüßte Elisabet. Als Elisabet den Gruß Marias hörte, hüpfte das Kind in ihrem Leib. Da wurde Elisabet vom Heiligen Geist erfüllt und rief mit lauter Stimme: Gesegnet bist du mehr als alle anderen Frauen, und gesegnet ist die Frucht deines Leibes. Wer bin ich, dass die Mutter meines Herrn zu mir kommt? In dem Augenblick, als ich deinen Gruß hörte, hüpfte das Kind vor Freude in meinem Leib. Selig ist die, die geglaubt hat, dass sich erfüllt, was der Herr ihr sagen ließ. Da sagte Maria:

Meine Seele preist die Größe des Herrn, / und mein Geist jubelt über Gott, meinen Retter.

Denn auf die Niedrigkeit seiner Magd hat er geschaut. / Siehe, von nun an preisen mich selig alle Geschlechter.

Denn der Mächtige hat Großes an mir getan / und sein Name ist heilig.

Er erbarmt sich von Geschlecht zu Geschlecht / über alle, die ihn fürchten.

Er vollbringt mit seinem Arm machtvolle Taten: / Er zerstreut, die im Herzen voll Hochmut sind;

er stürzt die Mächtigen vom Thron / und erhöht die Niedrigen.

Die Hungernden beschenkt er mit seinen Gaben / und lässt die Reichen leer ausgehen.

Er nimmt sich seines Knechtes Israel an / und denkt an sein Erbarmen,
das er unsern Vätern verheißen hat, / Abraham und seinen Nachkommen auf ewig.
Und Maria blieb etwa drei Monate bei ihr; dann kehrte sie nach Hause zurück.

(Lk 1,39–56)

Hoffnung ist die Tugend dessen, der im Erleben des Konflikts, des täglichen Ringens zwischen Leben und Tod, zwischen Gut und Böse an die Auferstehung Christi, an den Sieg der Liebe glaubt. Wir haben den Gesang Marias gehört, das Magnificat: Es ist der Gesang der Hoffnung, es ist der Gesang des Gottesvolkes, das in der Geschichte unterwegs ist. Es ist der Gesang so vieler Heiliger, von denen einige bekannt, ganz viele andere unbekannt, Gott aber bestens bekannt sind: Mütter, Väter, Katecheten, Missionare, Priester, Schwestern, Jugendliche, sogar Kinder, Großväter und Großmütter: Diese haben sich dem Kampf des Lebens gestellt, indem sie die Hoffnung der Kleinen und der Demütigen im Herzen trugen. Maria sagt: »Meine Seele preist die Größe des Herrn«; das singt an diesem Tag auch die Kirche, und sie singt es in allen Teilen der Welt. Dieser Gesang ist besonders intensiv, wo der Leib Christi heute die Passion erleidet. Wo das Kreuz ist, da gibt es für uns Christen auch Hoffnung. Immer. Wenn keine Hoffnung da ist, sind wir keine Christen. Darum sage ich gerne: Lasst euch die Hoffnung nicht stehlen! Dass sie uns die Hoffnung nicht stehlen, denn diese Kraft ist eine Gnade, ein Geschenk Gottes, das uns voranbringt, indem wir auf den Himmel schauen! Und Maria ist immer dort,

»Wenn keine Hoffnung da ist, sind wir keine Christen.«

nahe bei den Gemeinschaften, die leiden, bei diesen unseren Brüdern und Schwestern, ist mit ihnen unterwegs, leidet mit ihnen und singt mit ihnen das Magnificat der Hoffnung.

Predigt am 15. August 2013

Maria führt uns immer zu Jesus

Wir feiern das Fest der Heimsuchung Mariens, den Besuch der Jungfrau Maria bei ihrer Verwandten Elisabet. Ich möchte mit euch zusammen über dieses Geheimnis nachdenken, das zeigt, wie Maria ihren Lebensweg geht, mit großem Realismus, mit Menschlichkeit, mit Konkretheit. Drei Worte fassen die Haltung Mariens zusammen: Hören, Entscheidung, Handeln; Hören, Entscheidung, Handeln. Worte, die auch uns den Weg weisen angesichts dessen, worum uns der Herr in unserem Leben bittet. Hören, Entscheidung, Handeln.
Hören: Woraus entspringt diese Geste Mariens, zu ihrer Verwandten Elisabet zu gehen. Aus einem Wort des Engels Gottes: »Auch Elisabet, deine Verwandte, hat noch in ihrem Alter einen Sohn empfangen…« (Lk 1,36). Maria weiß auf Gott zu hören. Vorsicht: Es geht nicht um ein bloßes »Hören«, ein oberflächliches Hinhören, sondern dieses »Zuhören« besteht aus Aufmerksamkeit, Annahmebereitschaft, Verfügbarkeit gegenüber Gott. Es ist nicht die zerstreute Art und Weise, mit der wir zuweilen vor Gott oder mit anderen zusammen sind: wir hören die Worte, aber wir hören nicht wirklich zu. Maria ist aufmerksam für Gott, sie hört Gott zu. Aber Maria hört auch auf die Tatsachen, das heißt, sie deutet die Ereignisse ihres Lebens, sie ist aufmerksam für die konkrete Wirklichkeit und bleibt nicht an der Oberfläche stehen, sondern geht in die Tiefe, um deren Bedeutung zu verstehen. Ihre

Verwandte Elisabet, die schon betagt ist, erwartet einen Sohn: das ist die Tatsache. Aber Maria ist aufmerksam für die Bedeutung, sie weiß sie wahrzunehmen: »Denn für Gott ist nichts unmöglich« (Lk 1,37).
Das gilt auch für unser Leben: das Hören auf Gott, der zu uns spricht, und das Hören auf die tägliche Wirklichkeit, Aufmerksamkeit für die Menschen, die Tatsachen, weil der Herr an der Tür unseres Lebens steht und auf viele verschiedene Weisen anklopft, Zeichen auf unseren Weg stellt; und uns gibt er die Fähigkeit, sie zu sehen. Maria ist die Mutter des Hörens, des aufmerksamen Hörens auf Gott und des ebenso aufmerksamen Hörens auf die Ereignisse des Lebens.
Das zweite Wort: Entscheidung. Maria lebt nicht »in Eile«, in Sorge, sondern sie »bewahrte alles, was geschehen war, in ihrem Herzen« (Lk 2,19–51), wie der hl. Lukas betont. Und auch im entscheidenden Augenblick der Verkündigung des Engels fragt sie: »Wie soll das geschehen?« (Lk 1,34). Aber sie bleibt nicht beim Nachdenken stehen, sie geht einen Schritt weiter: sie entscheidet. Sie lebt nicht in Eile, sondern nur wenn es notwendig ist, »eilt sie«. Maria lässt sich nicht von den Ereignissen mitreißen, sie umgeht die Mühe der Entscheidung nicht. Und das geschieht sowohl bei der grundlegenden Entscheidung, die ihr Leben ändern sollte: »Ich bin die Magd des Herrn ...« (Lk 1,38), als auch in den alltäglicheren Entscheidungen, die aber auch bedeutsam sind. Mir kommt das Ereignis der Hochzeit von Kana in den Sinn (vgl. Joh 2,1–11): auch hier sieht man den Realismus, die Menschlichkeit, die Konkretheit Mariens, die aufmerksam ist für die Tatsachen, die Probleme. Sie sieht und versteht die Schwierigkeit der beiden jungen Eheleute, denen der Festwein ausgeht, sie denkt nach und weiß, dass Jesus etwas tun kann, und sie entscheidet, sich an

den Sohn zu wenden, damit er eingreife: »Sie haben keinen Wein mehr« (vgl. V 3). Sie entscheidet.
Im Leben ist es schwierig, Entscheidungen zu treffen. Häufig tendieren wir dazu, sie aufzuschieben, andere an unserer Stelle entscheiden zu lassen, häufig ziehen wir es vor, uns von den Ereignissen mitreißen zu lassen, der aktuellen Mode zu folgen. Manchmal wissen wir, was wir tun sollten, aber wir haben nicht den Mut dazu oder es erscheint uns zu schwierig, weil dies hieße, gegen den Strom zu schwimmen. Maria schwimmt bei der Verkündigung, bei der Heimsuchung, bei der Hochzeit von

Kana gegen den Strom, Maria geht gegen den Strom. Sie hört auf Gott, denkt nach und versucht die Wirklichkeit zu verstehen, und sie entscheidet, Gott vollkommen zu vertrauen; sie entscheidet, ihre betagte Verwandte zu besuchen, obwohl sie selbst ein Kind erwartet; sie entscheidet, sich beharrlich dem Sohn anzuvertrauen, um die Freude des Hochzeitsfestes zu retten.

Das dritte Wort: Handeln. Maria macht sich auf den Weg und »eilt ...« (vgl. Lk 1,39). Am vergangenen Sonntag habe ich diese Handlungsweise Mariens unterstrichen: trotz der Schwierigkeiten, der Kritik, die sie wegen ihrer Entscheidung aufzubrechen wahrscheinlich einstecken musste, lässt sie sich von nichts aufhalten. Und hier bricht sie »eilig« auf. Im Gebet vor Gott, der spricht, beim Nachdenken und Meditieren über die Tatsachen ihres Lebens hat Maria keine Eile, sie lässt sich nicht vom Augenblick überwältigen, nicht von den Ereignissen mitreißen. Aber wenn ihr klar geworden ist, um was Gott sie bittet, was sie tun muss, dann zögert sie nicht, hält sie sich nicht auf, sondern »eilt«. Der hl. Ambrosius kommentiert: »Die Gnade des Heiligen Geistes kennt keine Langsamkeit« (Expos. Evang. sec. Lucam II,19: PL 15,1560). Das Handeln Mariens ist eine Folge ihres Gehorsams gegenüber den Worten des Engels, aber verbunden mit der Liebe: Sie geht zu Elisabet, um sich nützlich zu machen. Und bei diesem Hinausgehen aus ihrem Haus, aus sich selbst, aus Liebe, bringt sie das Kostbarste, das sie hat: Jesus; sie bringt den Sohn.

»Denn für Gott ist nichts unmöglich«
(Lk 1,37)

Zuweilen bleiben auch wir beim Hören stehen, beim Nachdenken über das, was wir tun sollten, vielleicht sehen wir auch klar die Entscheidung, die wir treffen müssten, aber wir machen nicht den Schritt zum Handeln. Und vor allem bringen wir uns nicht selbst ins Spiel, indem wir »mit Eile« auf die anderen zugehen, um ihnen unsere Hilfe, unser Verständnis, unsere Liebe zu bringen; damit auch wir wie Maria das Kostbarste bringen, was wir empfangen haben, Jesus und sein Evangelium, mit dem Wort und vor allem mit dem konkreten Zeugnis unseres Handelns. Maria, Frau des Hörens, der Entscheidung, des Handelns.

Maria, Frau des Hörens,
lass unsere Ohren offen sein;
lass uns das Wort deines Sohnes Jesus
unter den tausend Worten dieser Welt heraushören;
lass uns auf die Wirklichkeit,
in der wir leben, hören,
auf jeden Menschen, dem wir begegnen,
und besonders auf den armen, den bedürftigen
und den, der in Schwierigkeiten ist.

Maria, Frau der Entscheidung,
erleuchte unseren Verstand und unser Herz,
damit wir dem Wort deines Sohnes Jesus ohne Zögern
zu gehorchen wissen;
gib uns den Mut zur Entscheidung,
dazu, uns nicht mitreißen zu lassen,
so dass andere unser Leben bestimmen.

Maria, Frau des Handelns,
lass unsere Hände und Füße zu den anderen »eilen«,
um die Liebe deines Sohnes Jesus zu bringen,
um wie du das Licht des Evangeliums
in die Welt zu tragen. Amen

Rosenkranzgebet zum Abschluss des Marienmonats
Ansprache am 31. Mai 2013

Leben im Heiligen Geist

Die Jungfrau Maria lehrt uns, was es heißt, im Heiligen Geist zu leben, und was es bedeutet, die Neuheit Gottes in unserem Leben anzunehmen. Sie hat Jesus durch das Wirken des Heiligen Geistes empfangen, und jeder Christ, jeder von uns, ist dazu berufen, das Wort Gottes aufzunehmen, Jesus in sich aufzunehmen und ihn dann zu allen zu bringen. Maria hat mit den Aposteln im Abendmahlssaal den Heiligen Geist angerufen: jedes Mal, wenn wir uns im Gebet versammeln, werden auch wir von der geistlichen Gegenwart der Mutter Jesu getragen, um die Gabe des Geistes zu empfangen und die Kraft zu haben, den auferstandenen Jesus zu bezeugen. Das sage ich besonders euch, die ihr heute die Firmung empfangen habt: Maria helfe euch, auf das zu achten, was der Herr von euch will, und immer dem Heiligen Geist gemäß zu leben und euren Weg zu gehen!

Regina Coeli-Gebet am 28. April 2013

Selig, die geglaubt hat (Lk 1,45)

Wir können sagen, dass an der seligen Jungfrau Maria sich erfüllt, was ich nachdrücklich betont habe, nämlich dass der Glaubende in sein Bekenntnis des Glaubens ganz und gar mit hineingenommen ist. Maria ist durch ihre Beziehung zu Jesus eng mit dem verbunden, was wir glauben. In der jungfräulichen Empfängnis Jesu in Maria haben wir ein klares Zeichen der Gottessohnschaft Christi. Der ewige Ursprung Christi ist im Vater; er ist der Sohn in vollem und einzigartigem Sinn; und deshalb wird er in der Zeit geboren ohne Zutun eines Mannes. Als Sohn kann Jesus der Welt einen neuen Anfang und ein neues Licht bringen, die Fülle der treuen Liebe Gottes, der sich den Menschen übergibt. Andererseits hat die wirkliche Mutterschaft Marias sichergestellt, dass der Sohn Gottes eine echte menschliche Geschichte hat und ein wahres Fleisch, in dem er am Kreuz sterben und von den Toten auferstehen konnte. Maria begleitete ihn bis unter das Kreuz (vgl. Joh 19,25), von wo aus sich ihre Mutterschaft auf jeden Jünger ihres Sohnes erstrecken sollte (vgl. Joh 19,26-27). Nach der Auferstehung und Himmelfahrt Jesu war sie auch im Abendmahlssaal zugegen, um mit den Aposteln um die Gabe des Geistes zu bitten (vgl. Apg 1,14). Der Strom der Liebe zwischen Vater und Sohn im Geist hat unsere Geschichte durchlaufen; Christus zieht uns zu sich, um uns retten zu können (vgl. Joh 12,32). In der Mitte des Glaubens steht das Bekenntnis zu Jesus, dem Sohn Gottes, geboren von einer Frau, der uns durch die Gabe des Heiligen Geistes in die Gotteskindschaft hineinführt (vgl. Gal 4,4–6).

Im Gebet wenden wir uns an Maria, die Mutter der Kirche und die Mutter unseres Glaubens.

Hilf, o Mutter, unserem Glauben!
Öffne unser Hören dem Wort,
damit wir die Stimme Gottes
und seinen Anruf erkennen.
Erwecke in uns den Wunsch,
seinen Schritten zu folgen,
indem wir aus unserem Land wegziehen
und seine Verheißung annehmen.
Hilf uns, dass wir uns von seiner Liebe anrühren lassen,
damit wir ihn im Glauben berühren können.
Hilf uns, dass wir uns ihm ganz anvertrauen,
an seine Liebe glauben,
vor allem in den Augenblicken der Bedrängnis
und des Kreuzes,
wenn unser Glaube gerufen ist zu reifen.
Säe in unseren Glauben die Freude des Auferstandenen.
Erinnere uns daran:
Wer glaubt, ist nie allein.
Lehre uns, mit den Augen Jesu zu sehen,
dass er Licht sei auf unserem Weg;
und dass dieses Licht des Glaubens
in uns immerfort wachse,
bis jener Tag ohne Untergang kommt,
Jesus Christus selbst,
dein Sohn, unser Herr!

Enzyklika Lumen Fidei, Kapitel 59-60

Gebet

Herr,
du hast deine Mutter in unserer Mitte zurückgelassen,
damit sie uns begleite;
damit sie für uns sorge
und uns auf unserem Weg,
in unserem Herzen
und in unserem Glauben beschütze;
damit sie uns zu Jüngern mache,
wie sie es war, und zu Missionaren,
wie sie es war;
damit sie uns lehre,
auf die Straßen hinauszugehen,
damit sie uns lehre,
aus uns selbst hinauszugehen.
Herr,
wir wollen dieses Bild segnen,
das das Land durchwandern wird.
Möge die Jungfrau Maria uns mit ihrer Sanftmut
und mit ihrem Frieden den rechten Weg weisen.
Herr, du erregst Anstoß.
Du bist der Skandal des Kreuzes.
Ein Kreuz, das Demut und Sanftmut ist;
ein Kreuz, das zu uns von der Nähe Gottes spricht.
Wir wollen auch dieses Kreuz segnen,
das durch das Land ziehen wird.
Gott segne euch.
Betet für mich!
Vergesst es nicht!

Ansprache bei der Begegnung mit jungen Argentiniern am 25. Juli 2013 in Rio de Janeiro anlässlich des XXVIII. Weltjugendtags

Marias Weg der Hoffnung

Wir betrachten diejenige, die Jesus gekannt und geliebt hat wie kein anderes Geschöpf. Das Evangelium zeigt die Grundhaltung, mit der Maria ihre Liebe zu Jesus zum Ausdruck gebracht hat: den Willen Gottes tun. »Denn wer den Willen meines himmlischen Vaters erfüllt, der ist für mich Bruder und Schwester und Mutter« (Mt 12,50). Mit diesen Worten hinterlässt Jesus eine wichtige Botschaft: Der Wille Gottes ist das oberste Gesetz, das die wahre Zugehörigkeit zu ihm festlegt. Deshalb knüpft Maria ein Band der Verwandtschaft mit Jesus, noch bevor sie ihn zur Welt bringt: sie wird Jüngerin und Mutter ihres Sohnes in dem Augenblick, in dem sie die Worte des Engels annimmt und sagt: »Ich bin die Magd des Herrn; mir geschehe, wie du es gesagt hast« (Lk 1,38). Dieses »mir geschehe« ist nicht nur Annahme, sondern auch vertrauensvolle Öffnung für die Zukunft. Dieses »mir geschehe« ist Hoffnung! Maria ist die Mutter der Hoffnung, das ausdrucksvollste Bild der christlichen Hoffnung. Ihr ganzes Leben ist eine Gesamtheit aus Gesten der Hoffnung, angefangen vom »Ja« der Verkündigung. Maria wusste nicht, wie sie Mutter werden sollte, aber sie vertraute sich vollkommen dem Geheimnis an, das sich erfüllen sollte, und wurde so die Frau der Erwartung und der Hoffnung.
Dann sehen wir sie in Betlehem, wo derjenige, der ihr als Retter Israels und Messias verkündet wurde, in Armut

geboren wird. Später, während sie sich in Jerusalem befindet, um ihn im Tempel dem Herrn zu weihen, gibt es neben der Freude der betagten Simeon und Hanna auch die Verheißung eines Schwertes, das ihr Herz durchdringen sollte, und die Prophezeiung eines Zeichens, dem widersprochen werden wird. Sie ist sich bewusst, dass die Sendung und die Identität jenes Sohnes ihr Muttersein übersteigen. Dann kommen wir zur Episode, wo Jesus in Jerusalem zurückbleibt und getadelt wird: »Kind, wie konntest du uns das antun?« (Lk 2,48), und zur Antwort Jesu, der sich der mütterlichen Besorgnis entzieht und sich den Dingen des himmlischen Vaters zuwendet. Und dennoch: Angesichts all dieser Schwierigkeiten und Überraschungen des göttlichen Planes wankt die Hoffnung der Jungfrau Maria niemals!

> »Maria ist die Mutter der Hoffnung.«

Frau der Hoffnung. Das sagt uns, dass die Hoffnung vom Hören, von der Betrachtung, von der Geduld genährt wird, um die Zeiten des Herrn heranreifen zu lassen. Auch bei der Hochzeit von Kana ist Maria die Mutter der Hoffnung, die sie mit Aufmerksamkeit und Fürsorglichkeit gegenüber den menschlichen Dingen erfüllt. Mit dem Beginn des öffentlichen Lebens wird Jesus der Meister und Messias: Die Muttergottes blickt mit Freude, aber auch mit Sorge auf die Sendung des Sohnes, weil Jesus immer mehr zu diesem Zeichen des Widerspruchs wird, das der betagte Simeon ihr vorausgesagt hatte. Unter dem Kreuz ist sie die Frau der Schmerzen und zugleich der wachsamen Erwartung eines Geheimnisses, das größer ist als der Schmerz und das sich gerade erfüllt.

Alles scheint wirklich zu Ende zu sein; alle Hoffnung könnte man für ausgelöscht halten. Auch sie hätte in jenem Augenblick in Erinnerung an die Verheißungen der

Verkündigung sagen können: Sie haben sich nicht erfüllt, ich bin getäuscht worden. Aber sie hat es nicht gesagt. Und doch sieht sie – die selig ist, weil sie geglaubt hat – aus ihrem Glauben die neue Zukunft erblühen und erwartet voller Hoffnung das Morgen Gottes. Manchmal denke ich: Verstehen wir auf das Morgen Gottes zu warten? Oder wollen wir das Heute? Das Morgen Gottes ist für sie der Beginn des Ostermorgens, jenes ersten Tages der Woche. Es wird uns guttun, in der Betrachtung an die Umarmung des Sohnes mit der Mutter zu denken. Das einzige Licht, das am Grab Jesu brannte, war die Hoffnung der Mutter, die in jenem Moment die Hoffnung der ganzen Menschheit ist. Ich stelle mir selbst und euch die Frage: Brennt in den Klöstern dieses Licht noch? Erwartet man in den Klöstern das Morgen Gottes? Wir verdanken dieser Mutter sehr viel! In ihr, die in jedem Augenblick der Heilsgeschichte gegenwärtig war, sehen wir ein starkes Zeugnis der Hoffnung. Sie, die Mutter der Hoffnung, stützt uns in Momenten der Dunkelheit, der Schwierigkeiten, der Entmutigung, der scheinbaren Niederlage oder wahrer menschlicher Niederlagen.

Maria, unsere Hoffnung, möge uns helfen, aus unserem Leben eine dem himmlischen Vater wohlgefällige Gabe und ein freudiges Geschenk für unsere Brüder zu machen, eine Haltung, die immer auf das Morgen blickt.

Meditation bei einer Vesperfeier im Kloster Sant' Antonio Abate am 21. November 2013

»Mutter, wir werden das Volk Gottes sein auf dem Pilgerweg zum Reich Gottes.«

Gebet aus der Predigt am 23. Mai 2013

Maria, Mutter unserer Kirche

Der Geist von Aparecida

In Aparecida hat Gott Brasilien seine eigene Mutter geschenkt. Aber in Aparecida hat Gott auch eine Lehre über sich selber erteilt, über sein Sein und Handeln. Eine Lehre über die Demut, die als ein wesentliches Merkmal zu Gott gehört und die in der DNA Gottes verankert ist. Es gibt etwas Immerwährendes, das man in Aparecida über Gott und über die Kirche lernen kann; eine Lehre, die weder die Kirche in Brasilien noch Brasilien selbst vergessen dürfen.

Am Anfang des Geschehens von Aparecida steht die Suche der armen Fischer. Viel Hunger und wenig Ressourcen. Das Volk braucht immer Brot. Die Menschen gehen immer von ihren Bedürfnissen aus, auch heute.

Sie haben ein brüchiges, ungeeignetes Boot; sie haben schlechte, vielleicht auch beschädigte, unzureichende Netze.

Zuerst ist da die Mühe, vielleicht die Müdigkeit aufgrund des Fischens, und doch ist das Ergebnis dürftig: ein Scheitern, ein Misserfolg. Trotz der Anstrengungen sind die Netze leer.

Und dann, wann Gott will, ist er selbst in seinem Geheimnis plötzlich da. Die Wasser sind tief, und doch bergen sie immer die Möglichkeit Gottes in sich; und er ist überraschend angekommen, möglicherweise als man nicht mehr auf ihn wartete. Die Geduld derer, die auf ihn warten, wird stets auf die Probe gestellt. Und Gott ist auf neue Weise gekommen, denn Gott ist Überraschung: ein Bild aus zerbrechlichem Ton, eingedunkelt von den Wassern des Flusses, gealtert auch durch die Zeit. Gott tritt immer im Gewand der Spärlichkeit herein.

Da ist also das Bild der Unbefleckten Empfängnis. Zuerst der Leib, dann der Kopf und dann das Wieder-Zusammenfügen von Leib und Kopf: Einheit. Was auseinandergebrochen war, wird wieder eins. Das koloniale Brasilien war geteilt durch die schändliche Mauer der Sklaverei. Die Muttergottes von Aparecida zeigt sich mit dem schwarzen Gesicht, zuerst geteilt, dann geeint in den Händen der Fischer.

»Die Netze der Kirche sind brüchig, vielleicht sind sie geflickt.«

Hierin liegt eine Lehre, die Gott uns erteilen will. Seine in der ohne Erbsünde empfangenen Mutter widergespiegelte Schönheit taucht aus der Dunkelheit des Flusses auf. In Aparecida schenkt Gott von Anfang an eine Botschaft der Wiederzusammensetzung dessen, was zerbrochen ist, der Festigung dessen, was auseinandergefallen ist. Mauern, Abgründe und Entfernungen, die es auch heute gibt, sind zum Verschwinden verurteilt. Die Kirche darf diese Lektion nicht vernachlässigen: Werkzeug der Versöhnung zu sein.

Die Fischer schätzen das Geheimnis, das ihnen im Fluss begegnet ist, nicht gering, auch wenn es ein Geheimnis ist, das unvollständig erscheint. Sie werfen seine Bruchstücke nicht weg. Sie warten auf die Fülle. Und diese zögert ihr Eintreffen nicht hinaus. Darin liegt eine Weisheit, die wir erlernen müssen. Es gibt Teile eines Geheimnisses, gleichsam Stücke eines Mosaiks, denen wir überall begegnen. Dann wollen wir viel zu eilig das Ganze sehen, Gott aber zeigt sich nur ganz allmählich. Auch die Kirche muss dieses Abwarten lernen.

Dann bringen die Fischer das Geheimnis nach Hause.

Die einfachen Leute haben immer Platz, um dem Geheimnis Raum zu geben. Wir haben vielleicht unser Sprechen über das Geheimnis auf eine rationale Erklärung verkürzt; bei den Leuten hingegen kehrt das Geheimnis über das Herz ein. Im Haus der Armen findet Gott immer einen Platz.
Die Fischer »agasalham«: Sie bekleiden die geheimnisvolle, beim Fischfang gefundene Jungfrau, als friere sie und habe es nötig, gewärmt zu werden. Gott bittet, dass wir ihm an unserem wärmsten Ort Unterschlupf gewähren: im Herzen. Danach ist er es, der die Wärme ausströmt, deren wir bedürfen, doch zuvor kommt er mit der List des Bettlers herein. Die Fischer umhüllen je-

nes Geheimnis der Jungfrau mit dem ärmlichen Mantel ihres Glaubens. Sie rufen die Nachbarn, die gefundene Schönheit zu betrachten; sie versammeln sich um sie; sie erzählen in ihrer Gegenwart von ihren Mühen und Leiden und vertrauen ihr ihre Angelegenheiten an. Auf diese Weise erlauben sie, dass die Absichten Gottes sich verwirklichen können: eine Gnade, dann die andere; eine Gnade, die einer weiteren die Tür öffnet; eine Gnade, die eine andere vorbereitet. Gott entfaltet stufenweise die geheimnisvolle Demut seiner Kraft.

Es gibt viel zu lernen aus diesem Verhalten der Fischer. Eine Kirche, die dem Geheimnis Gottes Raum gibt; eine Kirche, die dieses Geheimnis in sich selbst beherbergt, so dass es die Leute entzücken und sie anziehen kann. Allein die Schönheit Gottes kann eine Anziehungskraft ausüben. Der Weg Gottes ist der Zauber, der fasziniert. Gott lässt sich nach Hause tragen. Er erweckt im Menschen den Wunsch, Ihn in seinem Leben, in seinem Haus, in seinem Herzen zu bewahren. Er erweckt in uns den Wunsch, die Nachbarn zu rufen, um seine Schönheit bekannt zu machen. Die Mission geht genau aus dieser göttlichen Faszination hervor, aus diesem Staunen der Begegnung. Wir sprechen von Mission, von einer missionarischen Kirche. Ich denke an die Fischer, die ihre Nachbarn rufen, um das Geheimnis der Jungfrau zu betrachten. Ohne die Einfachheit ihres Verhaltens ist unsere Mission zum Scheitern verurteilt.

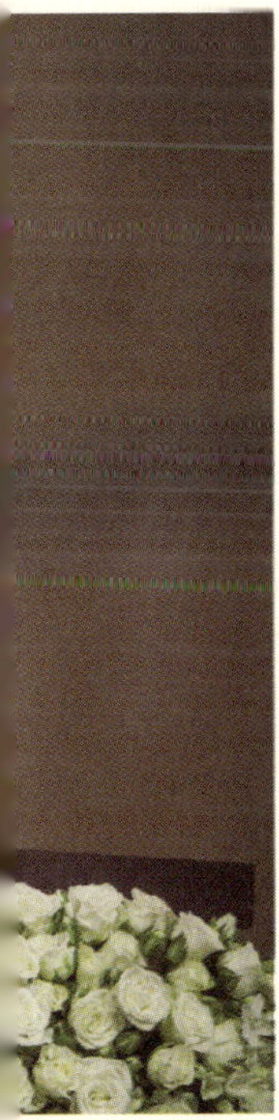

Die Kirche hat es immer dringend nötig, die Lektion von Aparecida nicht zu verlernen; sie darf sie nicht vergessen. Die Netze der Kirche sind brüchig, vielleicht sind sie geflickt; das Boot der

Kirche hat nicht die Kraft der großen Überseeschiffe, die die Ozeane überqueren. Und doch will Gott sich gerade durch unsere Mittel, durch unsere ärmlichen Mittel zeigen, denn immer ist er der Handelnde.
Das Ergebnis der pastoralen Arbeit stützt sich nicht auf den Reichtum der Mittel, sondern auf die Kreativität der Liebe. Sicher sind auch Zähigkeit, Mühe, Arbeit, Planung, Organisation nützlich, allem voran aber muss man wissen, dass die Kraft der Kirche nicht in ihr selbst liegt, sondern sich in den tiefen Wassern Gottes verbirgt, in die ihre Netze auszuwerfen sie berufen ist.
Eine andere Lektion muss die Kirche immer in Erinnerung behalten: Sie darf sich nicht von der Einfachheit entfernen, andernfalls verlernt sie die Sprache des Mysteriums und bleibt außerhalb der Tür zum Mysterium und kann offensichtlich nicht Zugang zu denen gewinnen, die von der Kirche das verlangen, was sie sich selber nicht geben können, nämlich Gott. Manchmal verlieren wir diejenigen, die uns nicht verstehen, weil wir die Einfachheit verlernt haben, da wir von außerhalb auch eine Rationalität einführen, die unseren Leuten fremd ist. Ohne die Grammatik der Einfachheit beraubt sich die Kirche der Bedingungen, die es ermöglichen, Gott in den tiefen Wassern seines Mysteriums zu »fischen«.

»Die Kraft der Kirche liegt nicht in ihr selbst, sondern verbirgt sich in den tiefen Wassern Gottes, in die ihre Netze auszuwerfen sie berufen ist.«

Ansprache während der Begegnung mit brasilianischen Bischöfen am 27. Juli 2013 in Rio de Janeiro anlässlich des XXVIII. Weltjugendtags

Die Hoffnung der Frauen

Eine Kirche ohne die Frauen ist wie das Apostel-Kollegium ohne Maria. Die Rolle der Frau in der Kirche ist nicht nur die Mutterschaft, die Mutter der Familie, sondern sie ist stärker: Sie ist wirklich die Ikone der Jungfrau Maria, der Gottesmutter; diejenige, die der Kirche hilft zu wachsen! Aber bedenkt, dass die Madonna wichtiger ist als die Apostel! ... Die Kirche ist weiblich: Sie ist Kirche, Braut, Mutter. Aber ... die Rolle der Frau in der Kirche darf nicht nur auf die der Mutter, der Arbeiterin hinauslaufen, eine eingeschränkte Rolle... Nein! Es ist etwas anderes! ... Paul VI. hat etwas Wunderschönes über die Frauen geschrieben, doch ich glaube, dass man in der Verdeutlichung dieser Rolle und dieses Charismas der Frau noch weiter gehen muss. Man kann eine Kirche ohne Frauen nicht verstehen – aber Frauen, die in der Kirche aktiv sind, mit ihrem eigenen Profil, die alles voranbringen ... In der Kirche muss man an die Frauen denken aus der Perspektive riskanter, aber fraulicher Entscheidungen. Das muss noch besser verdeutlicht werden. Ich glaube, wir haben in der Kirche noch keine vertiefte Theologie der Frau entwickelt. Nur dass sie dies oder jenes tun kann: Jetzt ist sie Ministrantin, jetzt liest sie die Lesung, ist die Präsidentin der Caritas... Aber, es gibt mehr! Es muss eine tiefe Theologie der Frau entwickelt werden. Das ist es, was ich denke.
Ich möchte ein wenig erklären, was ich über die Beteili-

gung der Frauen in der Kirche gesagt habe: Sie darf nicht darauf beschränkt werden, dass sie Ministrantin oder Präsidentin der Caritas oder Katechetin ist... Nein! Es muss mehr sein, aber zutiefst mehr, auch mystisch mehr: Das ist es, warum ich von der Theologie der Frau gesprochen habe.
In Bezug auf die Priesterweihe der Frauen hat die Kirche gesprochen, und sie sagt: Nein – Johannes Paul II. hat das gesagt, doch in definitiver Form. Diese Tür ist verschlossen, doch dazu möchte ich noch etwas sagen – ich habe es schon gesagt, aber ich wiederhole es –: Die Muttergottes, Maria, war wichtiger als die Apostel, die Bischöfe, die Diakone und die Priester. Die Frau ist in der Kirche wichtiger als die Bischöfe und die Priester – wie: das ist es, was wir versuchen müssen, besser zu klären, denn ich denke, es fehlt hier eine theologische Klärung.

Pressekonferenz auf dem Rückflug aus Brasilien am 28. Juli 2013

Mutter Kirche

Für mich ist es eines der schönsten Bilder der Kirche: die Mutter Kirche! In welchem Sinne und auf welche Weise ist die Kirche Mutter? Gehen wir von der menschlichen Wirklichkeit der Mutterschaft aus: Was tut eine Mutter?

1. Zunächst einmal schenkt die Mutter das Leben. Sie trägt das eigene Kind neun Monate lang in ihrem Schoß und eröffnet ihm dann das Leben, indem sie es gebiert. So ist die Kirche: Sie gebiert uns im Glauben, durch das Wirken des Heiligen Geistes, der sie fruchtbar macht, wie die Jungfrau Maria. Beide, die Kirche und die Jungfrau Maria, sind Mütter: Was man über die Kirche sagt, kann man auch über die Gottesmutter sagen, und was man über die Gottesmutter sagt, kann man auch über die Kirche sagen! Natürlich ist der Glaube ein persönlicher Akt: »Ich glaube«, ich antworte persönlich auf Gott, der sich zu erkennen gibt und mit mir Freundschaft schließen will (vgl. Enzyklika Lumen fidei, 39). Den Glauben empfange ich jedoch von anderen, in einer Familie, in einer Gemeinschaft, die mich lehrt zu sagen: »Ich glaube«, »wir glauben«. Ein Christ ist keine Insel! Christen werden wir nicht im Labor, Christen werden wir nicht von allein und aus eigener Kraft, sondern der Glaube ist ein Geschenk, er ist eine Gabe Gottes, die uns in der Kirche und durch die Kirche gegeben wird. Und die Kirche schenkt uns das Glaubensleben in der Taufe: Das ist der Augenblick, in der sie uns als Kinder Gottes ge-

biert, der Augenblick, in dem sie uns das Leben Gottes schenkt, uns als Mutter zur Welt bringt. Wenn ihr zum Baptisterium der Laterankirche geht, bei der Kathedrale des Papstes, dann gibt es dort drinnen eine lateinische Inschrift, die in etwa so lautet: »Hier wird ein Volk von göttlicher Herkunft geboren, gezeugt durch den Heiligen Geist, der dieses Wasser fruchtbar macht; die Mutter Kirche gebiert ihre Kinder in diesen Wellen.«
Das lässt uns etwas Wichtiges verstehen: Unsere Zugehörigkeit zur Kirche ist nichts Äußerliches oder Formales. Sie bedeutet nicht, ein Formular auszufüllen, das uns gegeben wird, sondern sie ist ein innerer und Leben spendender Akt; man gehört nicht zur Kirche wie zu einer Gesellschaft, zu einer Partei oder zu irgendeiner anderen Organisation. Die Bindung ist lebenswichtig, wie die zur eigenen Mutter, denn, wie der hl. Augustinus sagt, »die Kirche ist wirklich Mutter der Christen« (De moribus Ecclesiae, I,30,62–63: PL 32,1336).

»Der Glaube ist ein Geschenk, er ist eine Gabe Gottes.«

Fragen wir uns: Wie sehe ich die Kirche? Wenn ich meinen Eltern dankbar bin, weil sie mir das Leben geschenkt haben, bin ich auch der Kirche dankbar, weil sie mich durch die Taufe im Glauben geboren hat? Wie viele Christen erinnern sich an das Datum ihrer eigenen Taufe? Ich möchte euch hier diese Frage stellen, aber jeder soll in seinem Herzen antworten: Wie viele von euch erinnern sich an das Datum der eigenen Taufe? Einige heben die Hände, aber wie viele erinnern sich nicht daran! Aber das Datum der Taufe ist das Datum unserer Geburt in der Kirche, das Datum, an dem unsere Mutter Kirche uns zur Welt gebracht hat! Und jetzt gebe ich euch eine Hausaufgabe. Macht euch auf die Suche nach eurem Taufdatum, und zwar, um es zu feiern, um dem Herrn für dieses Geschenk zu danken. Werdet ihr das tun? Lieben wir die Kirche wie unsere eigene Mutter, und haben wir auch Verständnis für ihre Fehler? Alle Mütter haben Fehler, wir alle haben Fehler, aber wenn es um die Fehler der Mutter geht, dann decken wir sie zu, wir lieben sie so. Und auch die Kirche hat ihre Fehler: Lieben wir sie so wie die Mutter, helfen wir ihr, schöner zu sein, authentischer, mehr dem Willen des Herrn entsprechend? Ich überlasse euch diese Fragen, aber vergesst nicht die Hausaufgaben: Sucht nach dem Datum eurer Taufe, um es im Herzen zu haben und es zu feiern.

2. Eine Mutter beschränkt sich nicht darauf, das Leben zu schenken, sondern mit viel Hingabe hilft sie ihren Kindern zu wachsen, gibt ihnen Milch, nährt sie, lehrt sie den Weg des Lebens, begleitet sie immer mit ihrer Aufmerksamkeit, mit ihrer Zuneigung, mit ihrer Liebe, auch wenn sie groß sind. Und dafür weiß sie auch zurechtzuweisen, zu vergeben, zu verstehen, sie weiß in Krankheit, im Leiden nahe zu sein. Kurz gesagt, eine gute Mutter hilft den Kindern, aus sich selbst herauszukommen, nicht bequem unter den mütterlichen Fittichen zu bleiben, wie eine Brut von Küken unter den Fittichen der Glucke. Die Kirche als gute Mutter macht dasselbe: Sie begleitet unser Wachstum, indem sie das Wort Gottes weitergibt, das ein Licht ist, das uns den Weg des christlichen Lebens weist, und indem sie die Sakramente spendet. Sie nährt uns mit der Eucharistie, sie bringt uns die Vergebung Gottes durch das Sakrament der Buße, sie stützt uns im Augenblick der Krankheit durch die Krankensalbung. Die Kirche begleitet uns in unserem ganzen Glaubensleben, in unserem ganzen christlichen Leben. Wir können uns also weitere Fragen stellen: Welche Beziehung habe ich zur Kirche? Empfinde ich sie als Mutter, die mir hilft, als Christ zu wachsen? Nehme ich am Leben der Kirche teil, fühle ich mich als

Teil von ihr? Ist meine Beziehung eine formale oder eine Leben spendende Beziehung?

3. In den ersten Jahrhunderten der Kirche war eine Wirklichkeit ganz deutlich: Während die Kirche die Mutter der Christen ist, während sie die Christen »macht«, wird sie auch von ihnen »gemacht«. Die Kirche ist nichts anderes als wir selbst, aber sie muss als Gesamtheit der Gläubigen betrachtet werden, als das »Wir« der Christen: Ich, du, wir alle sind Teil der Kirche. Der hl. Hieronymus schrieb: »Die Kirche Christi ist nichts anderes als die Seelen jener, die an Christus glauben« (Tractatus in Psalmos, 86: PL 26,1084). Die Mutterschaft der Kirche leben also wir alle, Hirten und gläubige Laien.

Manchmal höre ich: »Ich glaube an Gott, aber nicht an die Kirche... Ich habe gehört, dass die Kirche sagt... die Priester sagen...« Die Priester sind das eine, aber die Kirche besteht nicht nur aus den Priestern, die Kirche sind wir alle! Und wenn du sagst, du glaubst an Gott und glaubst nicht an die Kirche, dann sagst du, dass du nicht an dich selbst glaubst: Und das ist ein Widerspruch. Die Kirche sind wir alle: vom neugetauften Kind bis zu den Bischöfen, zum Papst; wir alle sind Kirche, und wir alle sind in Gottes Augen gleich!

»Sucht nach dem Datum eurer Taufe.«

Wir alle sind aufgerufen, dazu beizutragen, dass neue Christen zum Glauben geboren werden, wir alle sind aufgerufen, Erzieher zum Glauben zu sein, das Evangelium zu verkündigen. Ein jeder von uns muss sich fragen: Was tue ich, damit andere den christlichen Glauben mit uns teilen können? Bin ich fruchtbar in meinem Glauben, oder bin ich verschlossen? Wenn ich immer wieder sage, dass ich eine Kirche liebe, die nicht in ihren eigenen Grenzen verschlossen ist, sondern die fähig ist hinauszugehen, sich zu bewegen, auch mit einem gewissen Risiko, um Christus zu allen zu bringen, dann denke ich an alle – an mich, an dich, an jeden Christen. Wir alle haben teil an der Mutterschaft der Kirche, damit das Licht Christi die äußersten Enden der Erde erreichen möge. Es lebe die heilige Mutter Kirche!

Ansprache während der Generalaudienz am 11. September 2013

FOTOVERZEICHNIS

Cover: Papst Franziskus berührt die Statue „Unserer Lieben Frau von Fatima" bei der marianischen Viglifeier zum Jahr des Glaubens auf dem Petersplatz in Rom am 12. Oktober 2013. © picture alliance/ZUMA Press

Seite 2, 7: Madonna mit Kind auf dem Petersplatz in Rom am 31. Mai 2013 beim Rosenkranzgebet zum Abschluss des Marienmonats Mai. © picture alliance/Stefano Spaziani

Seite 17: Papst Franziskus inzensiert eine Muttergottesstatue mit Weihrauch auf dem römischen Friedhof „Campo Verano" am Fest Allerheiligen, 1. November 2013. © picture alliance/AP Photo

Seite 27: Das Gnadenbild Maria Knotenlöserin in St. Peter am Perlach in Augsburg. Papst Franziskus brachte in den 1980er Jahren als Kardinal kleine Andachtsbildchen davon nach Argentinien, wo es heute noch sehr verehrt wird. © picture alliance/dpa

Seite 35: Am Vorabend der Eröffnung des Jahr des Glaubens, 12. Oktober 2013, legt Papst Franziskus Blumen vor die Statue „Unsrer Lieben Frau von Fatima". © picture alliance/AP Photo

Seite 43: Ankunft der Statue „Unsrer Lieben Frau von Fatima" auf dem Petersplatz in Rom, wo Papst Franziskus zu Beginn des Jahrs des Glaubens am 12. Oktober 2013 eine Vigilfeier zu Ehren der Gottesmutter hält. © picture alliance/dpa

Seite 51: Papst Franziskus segnet die Statue „Unsrer Lieben Frau von Fatima" beim Tag der Marienverehrung aus Anlass der Eröffnung des Jahrs des Glaubens am 13. Oktober 2013 auf dem Petersplatz in Rom. © picture alliance/ZUMA Press

Seite 57: Madonna mit Kind (Ausschnitt) auf dem Petersplatz in Rom am 31. Mai 2013 beim Rosenkranzgebet zum Abschluss des Marienmonats Mai. © picture alliance/Stefano Spaziani

Seite 69: Papst Franziskus empfängt aus den Händen von Kardinal Raymundo Damasceno die Statue „Unsere Liebe Frau von Aparecida". Zu Beginn seines Besuches in Brasilien aus Anlass des Weltjugendtages in Rio de Janeiro stellt der Papst seinen Besuch unter den besonderen Schutz der Gottesmutter. © picture alliance/AP Photo

Seite 72: Papst Franziskus beim Besuch im Nationalheiligtum „Unserer Lieben Frau von Aparecida" zu Beginn seiner ersten Auslandsreise zum Weltjugendtag nach Rio de Janeiro (Brasilien) am 24. Juli 2013. © picture alliance/ZUMA Press